Joan Abelove

Catanhue –
Geh und komm wieder

Joan Abelove

Catanhue – Geh und komm wieder

Aus dem Amerikanischen
von Hilde Schruff

C. Bertelsmann

Umwelthinweis:
Dieses Buch wurde auf chlorfrei gebleichtem Papier gedruckt. Die Einschrumpffolie (zum Schutz vor Verschmutzung) ist aus umweltschonender und recyclingfähiger PE-Folie.

Gesetzt nach den Regeln der Rechtschreibreform

1. Auflage 2000

Die Originalausgabe erschien 1998 unter dem Titel
»Go and come back« bei DK Publishing, Inc.

Übersetzung: Hilde Schruff
Lektorat: Catrin Frischer
Umschlagkonzeption: Klaus Renner
st · Herstellung: Peter Papenbrok
Satz: Uhl + Massopust, Aalen
Druck: Graphischer Großbetrieb Pößneck
ISBN 3-570-12440-1
Printed in Germany

Für die Bewohner des Dorfes
»Poincushmana«
und vor allem für
Guillermina und Roberta,
Steve und Andy

Diese Erzählung basiert auf Ereignissen, die in den frühen Siebzigerjahren stattgefunden haben. Die »beiden alten weißen Damen« waren in Wirklichkeit erst Ende Zwanzig. Wie ihre Vorfahren seit Jahrhunderten leben die Isabo-Indianer auch heute noch im Amazonas-Dschungel in Peru an den östlichen Abhängen der Anden.

1

Zwei alte, weiße Damen trafen in unserem Dorf ein. Es war schon spät, kurz vor dem Abendessen, und zu Beginn der trockenen Jahreszeit. Alle anderen rannten zum Fluss hinunter, um sie zu begrüßen. Ich blieb oben auf der Böschung stehen. Von dort aus konnte ich sie ganz gut sehen. Ich hatte Besseres zu tun als loszurennen und alte weiße Damen zu begrüßen.

Nonti, meiner Mutter-Bruder Fraus Bruder, hatte sie auf dem Fluss zu uns gebracht. Er legte an und die beiden Frauen blieben im Boot sitzen. Sie saßen im Boot und lächelten. Manchmal redeten sie miteinander in einer Sprache, die wir nicht verstanden. Dann lächelten sie noch ein bisschen mehr. Nur ihre Lippen bewegten sich dabei. Ihre Körper blieben reglos, wie wenn kein Wind weht, kurz vor einem großen Regen.

Nonti erzählte uns, dass sich diese Frauen Ethnologinnen nannten. Ich fand, sie sahen wie ganz gewöhnliche alte Gringos aus. Die eine war sehr groß und dünn und hatte lange, gelbe Haare. Die andere sah uns ein bisschen ähnlicher. Sie war schön und fett und nicht groß, ihre Haut aber war merkwürdig rosafarben. Ihr Haar war nicht schwarz und nicht glatt genug. Es war zwar lang, aber sie hatte keinen Pony. Keine der beiden trug Perlen, sie hatten keine Nasenringe, keine Lippenpflöcke und Fußspangen. Sie hatten sich keine Löcher in die Nasen oder Unterlippen stechen lassen und sie schnürten ihre Fußgelenke nicht. Sie hatten nicht mal eine flache Stirn. Sie hatten überhaupt nichts für ihre Schönheit getan.

Elena, meiner Mutter-Schwesters Tochter, hüpfte direkt vor ihnen ins Boot. Sie wies mit dem Finger auf den Kopf der Großen und sagte: »Mapeu!« Kopf. Die Frauen sahen sich an und wiederholten das Wort: »Mapeu.« Es klang eher wie »Mopu«. Elena klatschte in die Hände: »Seht euch das an! Die Große hat Haare wie Stroh. Nicht zu fassen! Wir könnten ihr die Haare abschneiden und das Loch in unserem Dach flicken!«

Alle lachten. Sogar ich. Elena schaffte es immer, mich zum Lachen zu bringen. Dann lachten die weißen Frauen auch. Obwohl sie nicht wussten, was so lustig war.

»Elena, wie konntest du nur zu ihnen ins Boot springen?«, fragte ich sie, nachdem sie aus dem Boot gestiegen und zu mir gekommen war. »Und dann zeigst du einfach auf ihre Köpfe und sprichst mit ihnen! Wie konntest du das tun? Ich würde ihnen nicht zu nahe kommen.«

»Ach, Alicia. Du machst dir zu viele Sorgen. Mir konnte doch nichts passieren.«

»*Du* machst dir nie Sorgen. Wie ein kleines Kind!«

»Du solltest mehr lachen, Alicia. Dieser alte Mann, der dein Ehemann ist, kommt noch früh genug zurück. Dann kannst du dir Sorgen machen und unglücklich sein.«

»Er ist nicht mein Ehemann. Mein Vater hat mich ihm versprochen, als er betrunken war. Ich habe keinen Mann. Mein Vater war betrunken!« Wie ich es hasste, wenn jemand behauptete, ich hätte einen Mann! Ich hatte keinen.

»Und *dein* alter Mann bringt nur kleine Vögel mit nach Hause, wenn er auf der Jagd war«, sagte ich zu Elena. »Bald wirst du nicht mehr so schön und fett sein, wenn du nur das isst, was er nach Hause bringt.«

Elena lachte und streckte mir die Zunge heraus. Elena wird immer fett sein. Bei mir ist das anders – ich bin dünn und hässlich. Ich werde nie fett sein. Ganz gleich, wie viel ich esse, wie fest ich meine Honshe, meine Fußbänder, binde und wie viel Fettmedizin meine Mutter mir gibt. »Dünne, dünne Alicia. Deine Beine sehen aus wie zwei Fäden, die an deinem Rock hängen.« Hässlich.

Elena ist schön – sie ist klein und fett, ihre Wangen sind rund und sie hat ein lautes, herzliches Lachen. Elena lacht über alles und jeden. Sie findet immer etwas, über das sie sich lustig machen kann. Sie tut das, um bei den anderen beliebt zu sein. Es funktioniert meistens. Mir fällt das nicht so leicht.

Die alten Damen saßen in Nontis Boot und lächelten. Was wollten sie eigentlich von uns?

»Können die auch eine Sprache, die jemand versteht?«, fragte Angel, unser Lehrer. Alle lachten.

»Nawa! Alle Nawa sind gleich«, murrte der alte Chichica. »Sie essen Schlangen und haben Sex mit Hunden.«

»Sie sprechen Spanisch und eine andere Sprache. Sie kommen aus der Stadt New York«, sagte Nonti. »Ich bin mit ihnen den Paro-Fluss hoch- und runtergefahren, weil sie ein Dorf suchen, in dem sie leben können. Sie wollen hier leben, in Poincushmana.«

Hier leben! Bei uns! Was wollen sie hier?

Die alten Damen saßen im Boot und lächelten.

Alle redeten gleichzeitig.

»Haben sie auch Schnaps dabei?«

»Haben sie Bilder von ihrem Jesus mitgebracht?« Die Missionare aus der Schweiz hatten uns komische Bilder mitgebracht von ihrem Gott, der einen steilen Hügel hinaufkletterte und auf seinem Rücken ein großes, merkwürdig geformtes Stück Feuerholz schleppte.

»Wollen sie unsere Kinder klauen?«

»Wollen sie uns das Fett vom Körper stehlen?«

»Werden sie uns alle umbringen, wenn wir schlafen?«

Der alte Ashandi lachte laut auf. »Sie sehen nicht so aus, als könnten sie auf sich selbst aufpassen, geschweige denn unsere Kinder klauen oder uns das Leben stehlen. Seht euch die Große an – sie ist spindeldürr. Und so blass, dass ihre Haut fast durchsichtig ist.«

»Sie sehen schwach aus, aber das sind sie nicht«, sagte Nonti. »Sie stellen viele dumme Fragen. Aber sie sind nicht gemein. Es ist nur unglaublich, wie wenig sie wissen.«

»Sie wohnen bei mir«, verkündete Papaisi, der Häuptling, und schickte seine Töchter nach Hause, damit sie für die Gäste das Abendessen vorbereiteten.

Die alten Damen saßen immer noch im Boot und rührten sich nicht. Sie saßen einfach im Boot und lächelten.

Was wollten diese beiden alten Frauen hier? Warum hatten sie ihre Eltern zurückgelassen, ihre Männer und ihre Kinder?

Warum waren die Frauen ganz alleine so weit gereist? Erst viel später erfuhren wir das Allerschlimmste – die beiden waren nicht einmal miteinander verwandt. Überhaupt nicht verwandt. Sie waren so genannte Freundinnen, *Ami-*

gas auf Spanisch, auf Isabo gibt es dafür kein Wort. Also waren sie tatsächlich alleine. Eine Fremde und noch eine Fremde. Zwei Fremde. Ganz allein.

2

Nonti hatte Ärger mit seinem Motor. Er winkte mich heran. Ich hockte immer noch oben am Ufer. »Du, Alicia, meiner Schwester-Mann Schwesters Tochter. Nimm sie mit und zeig ihnen das Dorf. Das macht ihnen Spaß.« Nonti sprach mit den alten Damen, zeigte auf mich und sagte ihnen, dass ich sie durch das Dorf führen würde.

Warum denn ich? Ich war nicht zu ihnen ins Boot gesprungen. Und ich war kein kleines Kind, das sich herumkommandieren ließ. Mein Blut war schon dreimal gekommen. Warum wollten sie sich das Dorf ansehen? Was hatte das zu bedeuten? Sie waren so lange im Boot sitzen geblieben, dass ich nicht einmal wusste, ob sie ihre Beine benutzen konnten. *Ich* würde sie nicht ins Dorf hinauftragen!

Mein kleiner Bruder Marco rannte zu den alten Damen, nahm die Kleinere an der Hand, zog sie aus dem Boot und dann das Flussufer hinauf. »Kommt«, sagte er in seinem Schulspanisch. »*Ich* werde euch unser Dorf zeigen. Könnt ihr Gitarre spielen? Angel hat eine alte Gitarre.«

Marco spielte auf einer unsichtbaren Gitarre, bis die alten Damen endlich verstanden, was er meinte.

»Guitarra«, sagte die Große. Sie zeigte auf die Kleinere, die nickte und dann auch, wie Marco, über die Saiten einer unsichtbaren Gitarre strich. »Joanna«, sagte sie zu ihm. »Und ich bin Margarita.«

»Kommt mit zu Angels Haus«, sagte Marco. »Du kannst uns etwas vorspielen. Kommt schon.«

Alle waren mutiger als ich – Elena und nun auch mein kleiner Bruder.

Die alten Damen gingen hinter Marco her und kletterten den Hügel hinauf. Als sie zu uns kamen, hatte der Fluss nicht viel Wasser und deshalb war das Ufer steil, so steil, dass man vom Boot aus nur die Dächer der Häuser sehen konnte. Die alten Damen beugten sich vor und kletterten das staubige Ufer hinauf. Sie benutzten ihre Hände wie Füße und gruben ihre Handballen in den Dreck, um sich abzustützen.

»Sie gehen wie Affen«, sagte ich zu Marco.

Er nickte. »Wie plumpe Affen«, meinte er.

Als sie oben angekommen waren, richteten sich die alten Damen auf und klopften sich den Staub von den Händen. Marco streckte seinen Arm aus.

»Das ist unser Haus«, sagte er. »Hier vorne sind die Küchen. Da arbeiten unsere Mütter und kochen uns etwas zu essen, damit wir stark werden und viel Fleisch mitbringen können.« Er zeigte ihnen die Küchen, die in einer Reihe am Fluss lagen, wie Körner an einer Ähre.

»Marco, du redest wie ein aufgeblasener Mann«, flüsterte ich ihm zu.

»Halt den Mund«, sagte er. »Ich führe sie durch das Dorf. Ich werde ihnen erklären, wie wir leben.«

»Blöd«, zischte ich und Marco redete einfach weiter.

Was er sagte, hatte nichts mit unserem richtigen Leben zu tun. Er erzählte ihnen nicht, wie wir wirklich lebten. Marco zeigte auf die Häuser in Poincushmana, als wären sie alle gleich, als wäre das ordentliche Haus meiner Mutter genau wie das Haus von Elenas Mutter, die die Kleider überall auf dem Boden herumliegen ließ und nie ordentlich über die Stangen legte; als würden alle Mütter dasselbe kochen; als wären alle Männer gute Jäger; als würden alle Mütter ihre Kinder gleich behandeln.

Ich ließ meinen Blick über unser Dorf wandern. Bestimmt sieht unser Dorf schön aus, wenn man es vom Himmel aus betrachtet, so wie die Missionare, die mit dem Flugzeug herkommen. Vom Himmel aus kann man die Häuser in einer geraden Linie am Waldrand, die Küchen in einer geraden Linie am Fluss und den breiten Weg zwischen den Häusern und den Küchen liegen sehen. Vier gerade Linien – Fluss, Küchen, Weg und Häuser. Wie ein in Stoff gewebtes Muster.

Marco führte die alten Damen zu dem Weg, der die Küchenlinie von der Häuserlinie trennt.

Bald liefen auch meiner Mutter-Schwester Kinder hinter uns her, redeten über die alten Frauen, berührten und beschnupperten sie und lachten.

»Warum tragen sie Hosen?«

»Sind das Frauen mit Penissen?«

»Sie haben wirklich merkwürdige Haare. Sie riechen wie Caimito-Früchte.«

»Sieh mal, die Kleinere hat einen Ring, der wie ein silberner Fisch aussieht.«

Ich sah mir die Hand der Kleineren an. Es war ein schöner Ring, ein glänzender, silberner Fisch, der sich um ihren Finger schlang.

»Fühl mal ihre Hände! Ihre Haut ist so weich wie Baumwolle.«

»Die Große hat einen ganz langen Hals.«

»Ihre Haut ist so weiß, dass sie blaue Streifen hat, wie das Salz aus den Bergen.«

»Los, rennt!«

Wir waren am Pasto angekommen: das Stück Land, das das Haus meiner Mutter von dem Haus trennte, in dem der Lehrer Angel wohnte. Der Pasto war überwuchert. In der Mitte war ein schmaler Fußweg, links und rechts davon reichte uns das Gras bis an die Knie. Wenn wir durch den Pasto rannten, konnten wir die Schlangen verscheuchen, die sich im Unkraut versteckten. Wir rannten alle los, mein Bruder und ich und Elena und meiner Mutter-Schwester Kinder und zogen die alten Damen hinter uns her. Es sah aus, als würden sie gerne rennen. Wir lachten, als wir an der anderen Seite ankamen. Die alten Damen waren aus der Puste, aber glücklich. Ihr Lächeln sah jetzt anders aus. Es war ein glückliches Lächeln, nicht mehr so steif wie das, das sie in Nontis Boot aufgesetzt hatten.

Es war schon spät, als Angel der Joanna seine Gitarre gab. Wir setzten uns alle auf den offenen Platz vor Angels Haus. Auch die Kinder aus Angels Haus, Angel selbst und seine beiden Frauen setzten sich zu uns. Die ersten Moskitos schwirrten durch die Luft und wir schlugen um uns. Joanna drehte an den Stimmknöpfen der Gitarre und spielte ein paar Töne.

»Mir gefällt ihre Musik nicht«, sagte Marco zu mir.

»Ich glaube nicht, dass sie schon richtig spielt. Der Missionar aus der Schweiz hat das auch immer so gemacht. Es dauert eine Weile, bis sie anfangen.«

Bald fing Joanna an ihre Finger anders zu bewegen und

die Gitarre klang laut und rhythmisch, so hatten wir sie nie zuvor gehört, das war noch lauter und tiefer, als der Missionar gespielt hatte. Und dann sang Joanna. Sie sang ein Lied von meinen Lieblingsbananen. Shboom.

Wir lachten. »Shboom, Shboom«, sang Joanna.

»Sing das Bananenlied noch einmal«, sagte Marco, als sie aufhörte. Joanna erzählte uns, dass es ein Lied in ihrer Sprache war und dass Shboom ein englisches Wort war. Die Große, Margarita, nickte zur Bestätigung.

»Und was *heißt* Shboom in eurer Sprache?«, fragte Angel sie. Als könnte es etwas anderes bedeuten als süße, kleine Bananen, die in der Regenzeit reifen.

»Es bedeutet nichts«, antwortete die Große. »Es ist nur ein Laut, der sich gut singen lässt.«

Komisch, dass sie ein großes, lautes, langes Lied sangen und ein Wort benutzten, das nichts hieß, das sie sich ausgedacht hatten. Laute, die nichts bedeuteten, wie in der Babysprache. Sie waren erwachsene Frauen, die wie Babys sangen.

»Sie sind nichts weiter als große, alte Babys«, sagte meine Mutter, als ich nach Hause kam. »Große, alte Babys ohne Verstand.«

Sie hatte Recht. Große, alte Babys, die merkwürdig aussahen.

»Ihre Musik gefällt mir aber«, sagte ich.

»Babymusik«, schimpfte meine Mutter. »Meine Tochter mag Nawa-Babymusik.«

3

Papaisi, der Häuptling, blies an jenem Abend das Horn und rief das ganze Dorf zusammen, um herauszufinden, was die alten Damen von uns wollten. Alle kamen und setzen sich auf den Weg zwischen Papaisis Haus und seiner Küche. Es war Vollmond und das Licht von Mond und Sternen lag auf dem Weg. Wir schlugen nach Stechmücken und machten uns über die weißen Frauen lustig. Wir konnten sagen, was wir wollten. Die alten Damen konnten kein einziges Wort verstehen.

»Sie wollen ein Jahr lang in unserem Dorf leben, von dieser Trockenzeit bis zum Ende der nächsten Trockenzeit«, erklärte Papaisi. »Deshalb sind sie hergekommen, um uns zu fragen, ob sie bei uns leben dürfen. Die Große, Margarita, möchte unsere Landwirtschaft studieren. Die Dicke, Joanna, beschäftigt sich mit Babys.«

Alle redeten gleichzeitig.

»Wo sind ihre Männer?«

»Wo sind ihre Kinder?«

»Bringen sie uns Zuckerrohrschnaps mit?«

»Sie bringen uns nichts mit, genau wie die Missionare.«

»Die alten Damen sollen hier bleiben«, sagte Elena. »Dann könnt ihr ihnen diese ganzen Fragen stellen.«

Ich ließ die alten Damen nicht aus den Augen. Die Große hatte blaue Augen. Rambi!

Der Häuptling fragte sie auf Spanisch, was sie mit all dem anfangen wollten, was sie bei uns lernen würden.

»Wir werden Bücher schreiben«, sagte Margarita.

»Werden es große Bücher sein?«, fragte Papaisi.

»Ja. Und wir werden zwei Bücher schreiben. Jede von uns wird ein Buch schreiben.«

Elena kam zu mir herüber und setzte sich neben mich.

»Wie wollen sie über uns zwei Bücher voll schreiben?«, flüsterte ich ihr zu. »Was kann man an Babys und der Landwirtschaft erforschen?« Babys sind gesund, sie sind krank, sie essen, sie weinen, sie pinkeln, sie pupen, sie leben, sie sterben. Mit der Landwirtschaft ist es genau wie mit den Babys. Die Bananen und Palmen wachsen oder sie sterben. Was gibt's da zu erforschen?

»Na und?«, antwortete Elena. »Es wird interessant, wenn sie bei uns leben. Sie zu beobachten, macht sicher Spaß. Und sie werden uns etwas schenken.«

»Das glaube ich nicht«, sagte ich. »Ich finde, sie sehen sehr geizig aus.« Yohuashi. Alle beide trugen goldene Ohrringe, goldene Uhren und gute, feste Schuhe. Sie mussten reich sein. Doch sie hatten uns nichts geschenkt. Keinen Keks, keine Süßigkeiten, keinen Kaugummi. Nichts.

»Für dich sehen alle geizig aus«, sagte Elena. »Sie werden nicht geizig sein. Sie sind anders. Es wird gut sein.«

»Für dich sehen alle gut aus«, sagte ich. »Weißt du noch, als ich das auch von den Missionaren sagte? Die, die uns ihren Kassettenrekorder und die Lieder, die mir so gefielen, schenken wollten, wenn wir gläubig würden?«

»Ja«, sagte Elena. »Das weiß ich noch. Du wurdest eine Gläubige, weil ihre Musik dir gefiel.«

»Ja. Ich war gläubig. Und dann ging der Kassettenrekorder kaputt.«

»Und du warst nicht mehr gläubig.«

»Ja«, sagte ich. »Und sie nahmen den kaputten Kassettenrekorder mit und kamen nie wieder.«

»Und was hat das geschadet?«, fragte Elena. »Du konntest dir die Lieder eine Weile anhören.«

Papaisi sprach mit lauter Stimme. »Das Dorf sagt, dass ihr bei uns leben dürft.«

Die alten Damen lächelten und sagten, sie würden uns im Tausch dafür, dass sie bei uns leben dürften, Medikamente mitbringen.

Papaisi, der sich von alten, weißen Frauen nicht ausstechen lassen wollte, verkündete mit wichtiger Stimme: »Und wir werden euch ein Haus bauen.«

»Sie werden uns Medikamente mitbringen«, murrte meine Mutter, »aber werden sie uns die auch geben?«

Am nächsten Morgen fingen alle Männer im Dorf an die Pfostenlöcher für das Haus der alten Damen auszuheben, genau neben Papaisis Haus. Unsere Häuser sind schön, vier dicke, schnurgerade Pfosten, ein Strohdach, ein Fußboden, und rundherum sind sie offen für die frische Luft. Wir haben keine Möbel, die überall im Weg stehen, sondern nur einen glatten Holzboden, auf dem wir liegen oder sitzen. Dann haben wir noch unsere Schlafmatten, unsere Moskitonetze, die über den Stangen hängen, und unsere Kleidung, die auch über die Stangen gehängt oder auf den Boden gelegt wird, damit der Kopf weich ruhen kann.

Die alten Damen sagten immer wieder, dass sie mit irgendeinem alten Haus zufrieden wären, irgendeinem Haus, das nicht gebraucht wurde. Kannten sie etwa Häuser, die nicht gebraucht wurden? Waren sie so dumm? Nawa! Ein altes Haus? Ein unbenutztes Haus? Man braucht viel Zeit und viele Leute, um ein Haus zu bauen. Warum sollten wir ein Haus haben, das nicht gebraucht wird? Ein Haus bauen und es dann vergammeln lassen? War es das, was sie in diesem New York taten? Monatelang etwas bauen, um es dann ungenutzt stehen zu lassen? Vielleicht hatten sie tatsächlich Sex mit Hunden! Wir sind keine Nawa, dachte ich. Wir bauen Häuser, um darin zu leben, und nicht, um sie vergammeln und zusammenfallen zu lassen.

Die alten Damen waren glücklich. Sie packten ihre Kameras aus und fotografierten die Männer, die die Pfostenlöcher aushoben. Sie lächelten und lächelten und erzählten uns, dass sie bald wiederkommen würden. Sie würden nach Pucallpa fahren, um Vorräte zu holen, was immer das sein mochte. Dann stiegen sie in Nontis Boot und fuhren flussabwärts. Die Männer hörten auf zu arbeiten. Wer wusste schon, ob sie tatsächlich wiederkommen würden? Aus Spaß bauen wir keine Häuser.

Am Nachmittag kam Elena mit ihrem Sammelkorb zu mir. »Lass uns sammeln gehen«, sagte sie. »Komm, die Caimito flussaufwärts sind reif.«

Ich legte meine Stickerei weg.

»Gut«, sagte ich. »Ich hasse diesen Rock. Meine Stiche sind so unordentlich.«

Ich holte meinen Sammelkorb und dann gingen wir flussaufwärts, reboqui.

»Wen triffst du?«, fragte ich Elena.

Manchmal sagen wir, wir gehen sammeln, wenn wir einen unserer Freunde treffen wollen. Elena hat viele Freunde. Die fette, schöne, mutige Elena. Ich hatte nur einen, Boshi, und der arbeitete mit seinem Vater in Tarapato.

»Niemanden«, antwortete sie.

»Elena, ich seh ihn doch, wenn wir hinkommen, du Geizhals. Sag es mir jetzt, ishton!«

»Nein, echt. Ich wollte sammeln gehen. Ich habe Lust auf Caimito.«

Wir gingen hinter den Häusern entlang flussaufwärts zu einem guten Caimito-Hain. Elena ging langsam, sie schleppte ihre Füße durch den trockenen Staub.

»Was ist los?«, fragte ich.

»Später, wenn wir weiter vom Dorf entfernt sind«, flüsterte Elena.

Als wir zum Caimito-Hain gekommen waren, warf Elena ihren Korb auf die Erde und setzte sich. Ich hockte mich neben sie und zeichnete mit einem Zweig im Sand.

»Era toya riqui«, sagte Elena. Ich bin schwanger.

Toya. Elena wäre die Erste in meinem Alter, die Mutter werden würde. »Was ist mit der Pflanze, die du im Monte gefunden hast, die Pflanze, die du nimmst, damit du nicht schwanger wirst?«

»Die ist eingegangen«, sagte Elena.

»Oh«, sagte ich.

»Alicia, ich will kein Baby bekommen. Ich möchte keine Mutter werden. Ich bin noch nicht lange genug Kind gewesen. Und ich habe Angst, Angst, dass ich sterbe, Angst, dass ich bei der Geburt sterbe.«

»Ich weiß«, sagte ich. »Ich weiß.«

Elena und ich waren als kleine Mädchen immer zusammen, wir haben zusammen Mutter gespielt, wir waren zusammen in der Schule.

Und nun fing für uns zusammen das Ende unseres Lebens an, die Zeit war gekommen, in der wir Ehefrauen und Mütter wurden. Das war der letzte Teil unseres Lebens.

Elena fing an zu weinen. »Ich will das nicht. Ich will das nicht. Ich möchte zurück zu der Zeit, als wir noch klein waren. Ich will noch einmal aufwachsen und nicht alt werden und nicht schon so bald tot sein.«

Seit wir klein waren, hat Elena Angst vor dem Tod gehabt. Ich hatte auch Angst, aber bei Elena war es anders. Stärker. Coshi biris.

»Vielleicht ist es nicht wahr, vielleicht bist du nicht schwanger«, sagte ich.

»Vielleicht«, sagte Elena und wischte sich die Tränen ab. »Und vielleicht nicht. Was immer es sein mag.«

»Was immer es sein mag«, wiederholte ich. Wir schwiegen beide.

»Elena«, sagte ich, »komm, wir spielen wie früher, als wir klein waren. Komm, wir spielen, gleich jetzt, gleich hier. Komm, wir spielen wieder.«

Elena lachte. »Du bist so komisch, so tsindi«, sagte sie. »Ich werde Mutter und du sagst, ich soll spielen.«

»Ja«, sagte ich, »ja. Lass uns jetzt gleich spielen. Bevor wir es vergessen oder nicht mehr wissen, wie es geht. Bevor wir nicht mehr spielen wollen.«

Ich sprang auf und sammelte kleine Äste und Zweige.

»Komm schon«, sagte ich. »Komm, wir bauen ein Campamento. Erinnerst du dich?«

»Ja«, sagte Elena. »Natürlich erinnere ich mich.«

Wir sammelten Zweige und Äste und bauten kleine Schlafstellen und eine Feuerstelle und taten, als würden wir Bananen und Yucca kochen, während unsere Männer draußen im Monte auf der Jagd waren.

»Pass auf, dass dein Feuer nicht zu groß wird«, rief Elena mir zu. Sie rief es mit tiefer Stimme, so wie sie früher ihre Stimme verstellt hatte, um wie eine Frau zu klingen. »Du bist so schlampig, du wirst den ganzen Wald anzünden.«

Das hatte Elena immer gesagt, als wir klein waren, obwohl wir gar nicht mit echtem Feuer spielten.

»Und du machst dein Feuer so ordentlich und winzig, dass du darauf gar nicht kochen kannst«, sagte ich mit meiner Kinderstimme. »Lass uns jetzt spielen, dass wir bei einem Fest sind. Wir werden betrunken und singen dann unsere Alte-Frauen-Lieder.«

»Nocon hande Metza Alicia«, trällerte ich.

Ich heiße Schöne Alicia. Hört mein Lied. Hört meinem Lied zu, denn ich singe es für euch, um mich zu erinnern und um es anderen zu erzählen, um es für immer zu erzählen, um mein Lied für immer zu singen. Ich heiße Schöne Alicia.

Ich fragte mich, ob alle alten Frauen sich schön fanden. Oder sangen sie die Lieder, um die Geister davon zu überzeugen, dass sie schön waren?

»Nocon hande Metza Elena«, stimmte Elena mit ein. Wir sangen und standen nebeneinander, legten uns die Arme um die Schultern und schaukelten hin und her, wie alte Frauen es tun, wenn sie ihre Alte-Frauen-Lieder singen.

Dann sammelten wir reife Caimitos und gingen zurück zum Dorf.

Kurz bevor wir dort ankamen, flüsterte ich Elena zu: »Min himbi bishonhue.« Auf dass dein Blut kommt.

Elena lächelte. »Nocon himbi bishon raibirai.« Auf dass es kommt oder was auch immer.

4

Das Leben ging weiter. Die Stechmücken schwirrten morgens umher, die Moskitos bei Sonnenuntergang. Ein paar gute Dinge passierten und ein paar schlechte. Cornelias Baby wurde geboren. Philibertos Baby starb. Metza Shoko heilte Amalia von ihren Bauchschmerzen. Yamiquenti war noch immer nicht schwanger. Elenas jüngerer Bruder Nelson hatte zum ersten Mal Sex. Pontoko adoptierte Lucias Tochter. Boshi brachte mir aus Tarapato gelbes und rotes Garn mit und zog wieder flussaufwärts, um mit Jose Elenario im Holz zu arbeiten.

Und Elenas Blut kam. Das war sehr gut. Hacon shama bimbi. Der alte Mann, dem ich versprochen worden war, blieb, wo er war – zwei Tage flussabwärts auf der Farm seines Patróns, wo er arbeitete und mit seiner ersten Frau, meiner älteren Schwester Maya, und ihren beiden Kindern lebte. Das war auch gut. Die Pfostenlöcher für das Haus der alten Damen blieben so, wie sie waren, als die alten Damen flussabwärts gefahren waren. Wir erwarteten nicht, dass sie zurückkommen würden.

Eine Woche, nachdem die alten Damen abgefahren waren, legte ein peruanischer *Regatón,* ein Händler namens Paco, mit seinem Boot vor meinem Haus an. Die Männer gingen an den Fluss hinunter, um herauszufinden, wie viel Zuckerrohrschnaps er mitgebracht hatte. Er hatte viel und Angel kaufte viel. Ein Fest, dachten wir anderen. Und es war eins. Doch mitten in der Nacht, als alle schon schliefen, hörte ich vom Fluss her ein Schreien und Weinen. Ich schlich hinaus und sah Carmella, die Frau des Händlers, am Ufer stehen und schluchzen. Sie hielt ein Bündel in ihren Armen. Sie war allein und weinte so heftig, dass ihr ganzer Körper zitterte. Das Boot war weg.

»Was ist los?«, fragte ich sie leise auf Spanisch. Ich hatte in der Schule ein bisschen Spanisch gelernt, aber ich konnte die Sprache besser verstehen als sprechen.

»Mein idiotischer Mann hat beschlossen, dass dieses Baby nicht seins ist. Er hat gesagt, er wirft sie in den Fluss, wenn er zurückkommt. Mein Baby, seine eigene Tochter, und er will sie in den Fluss werfen. Was soll ich nur tun?« Sie schluchzte und wiegte das Baby in ihren Armen.

Wie konnte ihr blöder, alter, betrunkener Mann dieses kleine Bündel umbringen wollen? »Ich werde mich um das Baby kümmern«, platzte ich heraus. »Ich habe noch keine Kinder. Ich kann für sie sorgen.« Ich konnte und wollte es tun. Das Baby war ein Mädchen! Wo gibt es so etwas? Ein Mädchen-Baby umbringen!

»Ehrlich?«, fragte sie und sah mir zum ersten Mal in die Augen.

»Ja«, sagte ich. »Ich werde die Mütter im Dorf bitten, sie zu nähren. Dann kann sie wenigstens leben.«

Es war nicht so, als würde ich Mutter werden, auch wenn ich alt genug dazu war. Es war etwas anderes. Dem Baby wurde das Leben gerettet. Ich rettete das Baby. Ich allein. Ich wurde keine Mutter und ich wurde keine Ehefrau. Ich sorgte dafür, dass das kleine Bündel nicht sterben musste.

Zumindest in dieser Nacht würde sie nicht sterben, sie würde von ihrem Vater nicht umgebracht werden.

Wir hörten beide das Geräusch von Pacos Boot, das flussaufwärts kam, reboqui.

»Nimm sie«, sagte Carmella. »Er ist betrunken genug, um sie gleich in den Fluss zu werfen.« Sie streichelte das Bündel zärtlich, reichte es mir und lief dem Boot ihres Mannes entgegen.

Es war so dunkel, dass ich das Baby nicht gut sehen konnte, aber sie wog nicht viel. Sie lag leicht in meinen Armen und schlief fest. Ich ging zu meinem Haus zurück, bevor Paco da war. In meiner Küche hörte ich, wie das Boot stoppte und dann wieder wegfuhr, diesmal flussabwärts. Paco und seine Frau waren weg und ich hatte ein neues Baby. Ein Nawa-Baby.

»Ja, meine Kleine«, flüsterte ich. »Jetzt gibt es nur noch dich und mich. Den anderen wirst du nicht gefallen. Sie werden mich alle für verrückt halten, weil ich versuche einen kleinen Nawa-Kümmerling zu retten. Aber wir werden es schon schaffen, du und ich. Mein Vater ist flussabwärts auf der Jagd. Er kommt morgen oder übermorgen zurück und dann haben wir ganz viel Fleisch zu essen. Gute Nacht, meine Kleine.«

Die anderen waren an jenem Abend so betrunken, dass sie nichts merkten. Und das Baby weinte überhaupt nicht. Erstaunlich. Am nächsten Morgen stand ich früh auf, fachte das Feuer in der Kochstelle an und wärmte Chapo für das Baby auf. Meine Mutter kroch unter ihrem Moskitonetz hervor und sah mich mit dem Baby am Feuer sitzen.

»Wessen Baby hast du da?«, fragte sie mich.

»Es war Carmellas, aber jetzt ist es meins«, antwortete ich und erzählte ihr die ganze Geschichte.

»Warum nimmst du ein Nawa-Baby an, du dummes Ding? Sie ist zwar ein Mädchen, aber sie ist dennoch ein Nawa.« Sie löste die Decke, in die ich sie gewickelt hatte, und sah sie sich genau an.

»Sie wird nicht lange leben«, sagte sie. »Sie ist zu dünn – wie ein krankes Huhn. Hier, reiche sie mir mal. Ich gebe ihr Milch von deinem kleinen Bruder.« Sie legte das Baby an ihre Brust. »Der alte Nawa wollte sie umbringen? Ein Mädchen-Baby umbringen? Nawa! Die haben wirklich keinen Verstand.«

Sie hatte Recht. Niemand bringt ein Mädchen-Baby um. Die Mädchen sind diejenigen, die zu Hause bleiben und sich darum kümmern, dass du im Alter glücklich und zufrieden bist. Die Jungen gehen weg und kümmern sich nicht um dich. Man kann einen Baby-Jungen umbringen, wenn er verkrüppelt ist oder wenn man keine Kinder mehr haben möchte. Aber kein Isabo hatte jemals ein Mädchen-Baby umgebracht.

»Ist auch egal«, fuhr meine Mutter fort. »Sie wird sowieso nicht so lange leben, bis sie erwachsen ist.«

Ich war mir auch nicht so sicher. Doch falls sie nicht überlebte, dann würde es bestimmt nicht an mir liegen. Ich würde das kleine Nawa-Baby retten. Ich musste es retten. Meine Mutter-Schwester Nachi würde das verstehen. Sie zog Resho auf, weil Reshos Mutter sie nicht wollte. Reshos Vater war Peruaner, ein Nawa. Als Resho geboren wurde, sagte Nachi: »Ich werde für sie sorgen.« Nachi war jetzt Reshos Mutter, ihre Tita, ihre Onan Tita, ihre Adoptivmutter. Nachi würde mich verstehen.

Am späten Vormittag kam Elena mit ihrem Sammelkorb zu mir und setzte sich neben mich. Meine Mutter war in ihrem Garten.

»Zeig mir das Baby«, sagte sie.

»Sie schläft in der Hängematte meines Bruders«, sagte ich.

Elena sah vorsichtig in die Hängematte.

»Sie ist so mager«, sagte sie. »Sie wird nicht lange leben.«

»Leben oder was auch immer«, sagte ich.

»Nährt deine Mutter sie?«

»Ja. Und ich koche süßen Bananen-Chapo und lass sie den von meinen Fingern saugen.«

»Wollte Carmella sie wirklich umbringen?«

»Nein, Paco wollte sie umbringen. Carmella wollte sie retten.«

»Nawa«, sagte sie und spuckte auf den Boden. »Wo waren Carmellas Verwandte? Warum haben sie das Baby nicht genommen?«

»Das weiß ich nicht. Wo immer sie sein mögen. Carmella war sich sicher, dass Paco das Baby umbringt. Sie war sich ganz sicher.«

»Nawa«, sagte Elena noch einmal. »Sie sind schlimmer als Tiere.« Sie beugte sich über die Hängematte des Babys. »Du hast Glück, du Kleine. Alicia wird dich am Leben halten. Wenn es überhaupt jemand kann, dann Alicia.« Sie lächelte mir zu. »Coshi biris ainbo.« Du bist ein starkes Mädchen.

»Coshi raibirai«, sagte ich. Stark oder was auch immer.

5

Am Nachmittag kehrte mein Vater von der Jagd zurück und brachte viel Fleisch mit – ein Reh, ein Nabelschwein, ein Gürteltier und ein paar kleine Vögel. Er blieb ein paar Tage bei uns und ging dann flussabwärts für Juan Matus arbeiten. Am nächsten Morgen blieb Marco plötzlich mitten auf dem Weg zwischen unserem Haus und der Küche stehen, hob seinen Kopf und schrie: »Sie kommen zurück! Sie kommen zurück!«

Meine Mutter war entsetzt. Sie ließ den Topf, in dem sie gerade rührte, in der Küche fallen und rannte mit meinem kleinen Bruder auf der Hüfte ins Haus.

»Yoshin, yoshin, canoncahue«, schrie meine Mutter uns zu. »Kommt ins Haus, kommt alle ins Haus. Die Geister kommen!«

Marco warf sich vor Lachen auf den Boden. Meine Mutter war wütend. »Geister darf man nicht auslachen, du dummes Kind!« Marco konnte nicht aufhören zu lachen. Als meine Mutter endlich zu ihm rannte und ihn ins Haus zerren wollte, liefen ihm die Tränen über das Gesicht und er krümmte sich vor Lachen. Ich glaube, meine Mutter war nahe dran, ihm eine Ohrfeige zu geben. Endlich konnte er wieder sprechen: »Nicht die Geister, Mama. Nicht die Geister. Die weißen Damen. Ich habe Nontis Pequi-Pequi gehört. Ungefähr drei Tage entfernt.«

Marco hatte gute Ohren – wie ein Jaguar. Kein anderer hatte Nontis Pequi-Pequi gehört. Wir hörten es erst einen Tag später, als das Boot durch die beiden großen Vueltas jenseits von Moshi gefahren war. Jeder kann ein Boot hören, wenn es zwei Tage flussabwärts entfernt ist. Der Paro schlängelt sich, und wenn in der Nähe von Moshi ein Boot fährt, auf dem Fluss also noch zwei Tage entfernt ist, ist das Geräusch sehr deutlich zu hören.

Papaisi sagte zu Chawa, seiner jüngsten Tochter, dass die weißen Damen bei ihr wohnen würden, bis das Haus fertig war. Chawa freute sich sehr. Sie ist die jüngste von drei Ehefrauen und heult und bettelt ständig um alles Mögliche: »Ich bin so arm, ich habe nichts, ich bin die jüngste von drei Ehefrauen und mein Mann gibt mir nichts.« Jetzt, so glaubte sie, würde sie die ganzen Sachen von den alten Damen für sich haben.

Am nächsten Nachmittag war ich zu Hause und bestickte einen Rock. Meine Nawa schlief in einer alten Hängematte, die meine Mutter aufgehängt hatte.

»Hohue«, sagte meine Mutter-Schwester Nachi und setzte sich neben mich.

»Hoho«, antwortete ich. »Hainqui mia itai?« Bist du hier?

»Hain ea itai«, sagte sie. Ich bin hier.

Nachi sah sich den Rock an, den ich nähte. »Schön«, meinte sie. »Du stickst schon viel besser. Du wirst groß.«

Wir saßen eine Weile da und Nachi sah mir beim Sticken zu.

»Min nawa oshai?«, fragte sie schließlich. Schläft deine Nawa?

»Oshai. Oinhue.« Sie schläft. Sieh sie dir an.

Nachi zog die Hängematte auf und sah hinein.

»Sie ist sehr klein, sehr dünn. Aber schön, für eine Nawa. Wie Resho, nur blasser. Resho war genau so mager wie sie. Aber nicht so blass. Vielleicht bekommt sie mehr Farbe, wenn sie größer wird.« Nachi betrachtete immer noch mein schlafendes Baby. Das Baby bewegte sich und Nachi schaukelte die Hängematte ganz sanft.

»Alle sagen, du seist verrückt, weil du das Baby zu dir genommen hast. Du seist zu jung, bald würdest du deine eigenen Kinder haben. Sie verstehen nicht, warum du versuchst das Kind zu retten.« Dann schwieg Nachi und sah nur das Baby an. »Wie nennst du sie?«, fragte sie.

»Ich nenne sie meine Nawa«, sagte ich.

»Du solltest ihr einen Namen geben«, sagte Nachi. »Sie wird eher überleben, wenn du ihr einen Namen gibst.«

Ich nickte. Sie hatte Recht. Ein Kind ohne Namen hat keine Chance zu überleben, besonders, wenn die Chancen sowieso so gering sind.

»Metza Cami. Ich werde sie Metza Cami nennen«, sagte ich.

Metza heißt hübsch und Cami ist meine Lieblingsfrucht. Außerdem klang es so ähnlich wie der Name ihrer Mutter, Carmella.

»Metza Cami«, sagte Nachi. »Gut. Ein guter Name. Ein guter Name für ein schönes Baby. Sie ist schön, weißt du. Manchmal kann man es nicht so genau sagen, aber sieh sie dir an. Ihre Haare werden mal gut, sie sind dunkel und glatt, und sie hat wunderbare Augenbrauen. Siehst du, wie hübsch sie geformt sind?«

Nachi strich mit dem Finger leicht über Camis winzige Augenbrauen. Cami zuckte mit der Nase und war dann ruhig.

»Ihre Muter hat ihr schon Löcher in die Ohrläppchen gestochen. Du musst jetzt alles andere tun.«

»Alles andere?«, fragte ich.

»Sie ist jetzt deine Tochter. Du musst sie richtig behandeln. Du musst ihre Stirn flach machen und ihr Löcher in Nase und Lippen stechen.«

»Aber sie ist doch eine Nawa«, sagte ich. »Ich habe nur dafür gesorgt, dass sie nicht umgebracht wird.«

»Sie ist jetzt deine Tochter«, wiederholte Nachi. »Du bist ihre Mutter. Du musst sie richtig behandeln. Mach sie schön. Hier, ich habe dir das alte Wintoti von Resho mitgebracht.«

Ich bin nicht ihre Mutter, dachte ich. Ich habe ihr das Leben gerettet, mehr nicht.

Nachi griff in ihre Bluse und gab mir das Stirnbrett, das sie für Resho benutzt hatte. Der Stoffbezug war alt und ausgeblichen und die Bänder waren ausgefranst. Die Baumwollfüllung, die den Kopf vor dem Holz schützte, quoll heraus. Nachi stopfte die Baumwolle zurück in den Bezug, legte Cami das Wintoti auf die Stirn und verknotete die Bänder vorsichtig hinter ihrem Kopf. Cami schlief.

»Lass es nur morgens dran«, sagte sie. »Das reicht für einen Tag. Wir werden ihr nicht gleich Löcher in die Lippen und die Nase stechen. Sie muss erst besser essen. Vielleicht isst sie gar nichts mehr, wenn ihr die Nase und die Lippe wehtun. Wir machen das später, wenn sie fett ist.«

6

Nontis Boot kam drei Tage später an, es war Abendessenszeit. Nicht dass es an jenem Abend viel zu essen gab. Die meisten Männer waren zur Jagd weggegangen und überall gab es nur wenig Fleisch. Wir rannten alle zum Ufer hinunter, als sie anlegten. Vielleicht hatten sie uns Fleisch mitgebracht.

Hatten sie nicht, obwohl sie mehr mitbrachten, als man sich vorstellen konnte. Nontis Boot war voll beladen mit ihrem Zeug, Kisten über Kisten. Wir hatten keine Ahnung, was das alles war. Es blieb uns nichts anderes übrig, als abzuwarten und ihnen beim Auspacken zuzuschauen. Doch vor allem hatten sie wohl Zuckerrohrschnaps mitgebracht für ein Fest. Bestimmt hatten sie das getan. Nonti hatte ganz bestimmt nicht vergessen, ihnen zu sagen, dass sie jede Menge Schnaps mitbringen müssten für ein Fest, damit wir sie willkommen heißen konnten.

Wir halfen ihnen, das Zeug das Ufer hinaufzutragen, und stellten es in Chawas Haus. Ich trug eine große Kiste. Ich schüttelte sie ein bisschen, während ich sie das Ufer hinaufschleppte, sie gab aber keinen Ton von sich. Sie war schwer und voll gepackt. Womit? Ich konnte es nicht erraten. Die alten Damen waren überrascht, dass sie noch nicht ihr eigenes Haus hatten, aber Chawa, die Shoya, die Ratte, lächelte ununterbrochen und führte sie zu ihrem Haus und erzählte ihnen, sie habe genügend Platz für sie und ihr Zeug. Genügend Platz! Chawa schleppte Kiste um Kiste vom Ufer zu ihrem Haus, stapelte sie auf ihrem Fußboden und grinste von Ohr zu Ohr.

Und sie hatten einen großen Plastikkanister mit Zuckerrohrschnaps dabei. Eine riesige Flasche. Der gute alte Nonti denkt immer an seine Leute. Alle grinsten, als sie Chawas kleine Tochter sahen, die mit der großen Flasche vom Boot zu Chawas Haus hinaufstolperte. Wir hatten weder heute noch gestern Fleisch gehabt und morgen würde es auch keins geben! Zumindest konnten wir heute Abend eine Fiesta feiern! Und vielleicht würden sie mir ein bisschen Reis und Zucker geben, um meine Nawa, meine Cami, zu füttern.

Doch bei diesen alten Damen gab es nichts, was einfach war. Sie brachten eine große Flasche Zuckerrohrschnaps mit, so viel, dass das ganze Dorf anderthalb Tage lang betrunken sein konnte, und sie wollten die Flasche nicht öffnen. Sie wollten sie aufbewahren. Was war los mit ihnen? Glaubten sie, der Schnaps würde mit der Zeit besser werden? Wenn du Schnaps hast, trinkst du ihn. Wenn du etwas zu essen hast, isst du es. Das ist doch logisch. Wenn du etwas zu essen hast, bist du großzügig und gibst deinen Verwandten etwas ab, sodass sie ihr Essen mit dir teilen, wenn sie etwas haben. So »bewahrt« man Essen auf. Und Schnaps auch. Woher kamen diese Leute eigentlich? Wie konnten sie mit so dummen Vorstellungen leben? Ich war sauer. Wir waren alle sauer. Das ganze Dorf. Nonti versuchte mit den alten Damen zu reden.

»Ich sehe ein sehr trauriges Dorf«, begann er.

»Traurig?«, fragte Joanna. »Was meinst du?«

»Sie sind alle traurig. Sehr traurig. Sie möchten ein Fest feiern, um euch in eurem neuen Dorf willkommen zu heißen, und jetzt geht das nicht. Deshalb sind alle sehr traurig.« Nonti vermied es, das Wort für Haus zu benutzen, weil wir ihr Haus nicht fertig gebaut hatten. Er starrte auf den Boden und seufzte.

Die alten Damen schauten uns an. Dann plapperten sie in ihrer eigenen Sprache miteinander. Die Große war richtig sauer. Joanna drehte und drehte ihren Fischring am Finger. Nonti sah die beiden traurig an. Dann ließ er seinen Blick über das Dorf schweifen und seufzte noch einmal. Schließlich sagten sie ihm: Ja, sie würden ein Fest feiern, doch sie wollten die Hälfte vom Zuckerrohrschnaps aufheben für das andere Fest, wenn ihr Haus fertig war. Sie wollten nur ein halbes Fest feiern. Na ja, das war besser als gar keins. »Jetzt sehe ich, dass das Dorf wieder glücklich ist«, sagte Nonti.

Also feierten wir ein Fest. Angel holte seinen alten Plattenspieler heraus und ging zu den beiden alten Damen, um sich Batterien dafür auszuleihen. Nonti erklärte ihnen, dass man bei einem Fest Musik braucht und dass wir nur Musik machen konnten, wenn wir ihre Batterien benutzen durften.

»Wir haben nicht so viele Batterien«, sagte Joanna zu Nonti.

»Wir brauchen sie für unseren Kassettenrekorder, für unsere Arbeit. Wir können im ersten Urlaub, in etwa acht Wochen, erst wieder neue Batterien kaufen. Tut mir Leid. Wir können die Batterien nicht ausleihen. Wir werden bei der Party singen.«

Armer Nonti. Es war seine Aufgabe, den beiden zu erklären, wie es bei uns war. Sie verstanden das einfach nicht.

»Es ist wirklich kein richtiges Fest ohne Musik. Sogar in eurem Land feiern die Leute kein Fest ohne Musik, oder?« Nonti gab sich große Mühe. »Das Dorf möchte euch mit Musik willkommen heißen.«

»In unserem Land«, sagte Margarita und hielt ihren Kopf am Ende ihres unglaublich langen Halses hoch, »machen die Leute keine Musik, wenn sie keine Batterien haben.« Und marschierte ab in den Dschungel.

Nonti versuchte es noch einmal mit Joanna. »Du verstehst das bestimmt. Sie wollen doch nur ein richtiges Fest feiern, um ihre neuen Gäste im Dorf willkommen zu heißen. Sie möchten euch glücklich machen, sie möchten euch tanzen und singen und glücklich sehen.« Nonti war anscheinend bereit, so lange zu reden, bis Joanna nachgab.

»Okay, okay. Wie viele braucht ihr?«

»Nur sechs«, sagte Angel. »Und wir werden sie nicht ganz aufbrauchen. Ein paar Lieder, ein paar Tänze. Um euch willkommen zu heißen.«

»Gut«, sagte Joanna. Vielleicht war sie diejenige, die Verstand hatte, diejenige, die ein bisschen freundlich war. Margarita war einfach wütend abmarschiert. Vielleicht war Joanna nicht so geizig, nicht so yohuashi wie ihre Freundin. Sie ging zu ihrem Bereich in Chawas Haus und öffnete eine große Metallkiste, die *voller* Batterien war. Eine ganze Metallkiste voll Batterien und sie konnten uns nicht mal sechs davon leihen, ohne vorher eine Szene zu machen. Wenn überhaupt, dann war sie nur ein kleines bisschen weniger geizig als Margarita.

»Bringt sie aber bitte zurück«, sagte Joanna. »Wir brauchen sie…«

»Für eure Arbeit«, beendete Angel ihren Satz. »Selbstverständlich. Ihr werdet sie vor dem Morgengrauen wiederhaben.«

Auf Isabo fügte er hinzu: »Ist es nicht unglaublich, wie geizig diese Frauen sind? Vielleicht haben sie deshalb keine Kinder.«

Keiner lachte. Wir wollten nicht, dass Joanna es sich anders überlegte und uns die Batterien wieder wegnahm. Doch wir waren alle seiner Meinung.

Ob sie wohl, fragte ich mich, lernen würde, wie man mit Menschen umging, während sie bei uns lebten. Vielleicht nicht.

Es war ein halbherziges Fest, weil der Schnaps so halbherzig gegeben worden war. Die Frauen legten nicht ihren schönsten Schmuck an. Die Männer trugen nicht ihre schönsten Perlen. Meine Mutter ging nicht einmal hin. »Geh du«, sagte sie zu mir. »Ich passe auf deinen kleinen Kümmerling auf. Ich will sowieso nicht zu einer so geizigen Party gehen.«

»Cami«, sagte ich. »Sie heißt Cami.«

»Was immer es sein mag.« Meine Mutter zuckte mit den Schultern.

Sehr bald gab es keinen Schnaps mehr. Nur die Alten hatten davon getrunken. Für uns war nichts übrig geblieben. Elena und ich saßen auf Chawas Veranda und sahen den anderen zu.

»Geizige alte Damen«, sagte ich zu Elena. »Ich hatte Recht. Siehst du! Für uns gibt es nichts zu trinken.«

Elena lachte. »Es macht aber Spaß, sie zu beobachten«, sagte sie. »Sieh dir die Fette an. Ihr Gesicht ist ganz rot. Ihre Poinke wackeln, doch sie lächelt einfach nur.«

Der Häuptling tanzte mit Joanna und hüpfte mit ihr auf und ab, während seine starken Arme sie im Kreis herumwirbelten.

»Ich habe sieben Töchter und nur einen Sohn«, verkündete der alte Mann.

»Das tut mir Leid«, sagte Joanna.

Er sah sie an und versuchte festzustellen, ob sie einen Witz gemacht hatte. Sie schien es ernst zu meinen.

»Diese Frauen«, sagte er mit lauter Stimme auf Isabo. »Sie verstehen überhaupt nichts.«

Der alte Mann hatte natürlich angegeben. Er hatte sieben Töchter und nur einen Sohn – ein mächtiger Mann, ein Mann, der Beachtung verdiente, ein Mann, der sieben Schwiegersöhne hatte, die für ihn arbeiteten, und nur ein Kind, das er weggeben musste, damit es für andere arbeitete. Und Joanna sagte, dass es ihr Leid täte.

»Geizig und dumm«, sagte ich zu Elena.

»Geizig und dumm und gut zu beobachten«, antwortete Elena.

Margarita redete auf dem Fest fast nur mit Nonti. Sie fragte ihn, was das Fleisch bei uns kostete, was sie gegen ein Kilo von ihrem Reis tauschen könnten, wie sie mit den Leuten umgehen sollten, die dauernd etwas von ihnen haben wollten, und so weiter und so fort. Und sie schrieb alle seine Antworten in ein kleines, orangefarbenes Notizbuch. Das Fest machte ihr keinen Spaß. Sie hatte Angst, mit uns alleine zu sein, ohne Nonti. Joanna tanzte die ganze Zeit, mit allen.

Tanzte und lächelte. Vielleicht hatte *sie* keine Angst. Oder vielleicht war sie betrunken. Sie hatten genug Schnaps für sich aufbewahrt. Ein paar alte Männer kamen zu Nonti. »Wir sind zu alt zum Tanzen«, sagten sie. »Wir wollen singen. Wir brauchen mehr Schnaps. Wir müssen betrunkener sein, um unsere Alt-Männer-Lieder zu singen. Möchten sie nicht unsere Alt-Männer-Lieder hören?«

Nonti übersetzte den beiden alten Damen, was die alten Männer verlangt hatten. Doch sie sagten natürlich Nein. Sie bewahrten den Schnaps auf, damit sie ein Fest machen konnten, wenn ihr Haus fertig war. Hahuetian raibirai. Wann immer das sein mochte.

Der alte Chichica war sauer. Als die anderen sich auf den Heimweg begaben, sah ich ihn hinter Chawas Haus verschwinden, wo die alten Damen den übrigen Zuckerrohrschnaps aufbewahrten. Er zerrte die Flasche von dem Sims, auf dem sie versteckt war, legte sich auf den Boden und trank alles aus. Dann schlief er betrunken ein, hielt die Flasche immer noch in seinen Armen und brabbelte von alten Damen, die andere nicht glücklich machen wollten. Ich wusste, dass die alten Damen wütend sein würden, wenn sie den alten Mann so sahen, also nahm ich ihm die Flasche aus den Armen, ging zum Fluss und füllte sie zur Hälfte. So stellte ich sie zurück auf den Sims. Es würde noch eine Weile dauern, bis sie bereit waren, den Schnaps mit uns zu teilen. Und sie würden niemals herausfinden, wer die Flasche mit Wasser aus dem Fluss aufgefüllt hatte.

Am nächsten Morgen blies Papaisi das Horn und alle Männer versammelten sich, um an dem Haus der alten Damen zu arbeiten. Die alten Damen saßen mit Nonti in

Chawas Haus. Sie stellten meiner Mutter-Schwester Tochter an, um ihnen das Essen zu kochen, wenn ihr Haus fertig war. Sie stellten Elena an, um ihnen Isabo beizubringen. Seit sie in ihr Boot gesprungen war an dem Tag, an dem sie angekommen waren, hatte sie ihnen ständig neue Wörter beigebracht.

Nonti rechnete aus, was sie ihr zahlen sollten. Margarita schrieb es auf. Jeden Abend unterhielten sie sich mit Nonti und schrieben alles auf, was er ihnen sagte. Dann musste Nonti wieder wegfahren.

Shori, der Schamane, und der alte Ashandi wollten die alten Damen dazu überreden, eine Abschiedsparty für Nonti zu geben. Doch sie sagten Nein. Der Schnaps war für das Fest für ihr neues Haus. Sie bewahren Flusswasser auf, dachte ich. Geschieht ihnen recht.

Die alten Damen weinten tatsächlich, als sie Nontis Pequi-Pequi nachwinkten.

»Warum weinen sie?«, murmelte meine Mutter. »Wir halten sie nicht gefangen. Sie wollten hier bleiben.«

»Jetzt müssen sie allein mit uns zurechtkommen«, sagte Cuncha. »Und sie wissen nicht, wie sie sich benehmen sollen.«

»Das wissen sie wirklich nicht«, sagte meine Mutter.

»Sie verstehen gar nichts«, sagte ich. »Sie müssen sich sehr allein fühlen. Alle beide.« Sie taten mir Leid, auch wenn sie geizig waren.

»Ich hätte nichts dagegen, alleine zu sein mit so viel Reis und Zucker und allem anderen, was sie haben«, sagte Cuncha und lachte. »Sie dürfen aber nicht mehr so geizig sein. Ich hoffe, dass Nonti ihnen das gesagt hat.«

»Wenn er es ihnen gesagt hat, wird die Riesige es in ihr orangefarbenes Notizheft geschrieben haben«, sagte meine Mutter.

»Die alten Damen haben drei ganze Keksdosen voller Kekse«, teilte Cuncha meiner Mutter mit.

»Hanso! Du lügst! Keksdosen voller Kekse? Lügnerin!«

»Sieh selbst. Sie räumen gerade ihr Zeug ein. Sieh selbst. Du kannst dir nicht vorstellen, was sie alles haben.«

Wir haben auch Keksdosen, in denen wir unsere Sachen aufbewahren: die gesponnene Baumwolle, die ungesponnene Baumwolle, unsere Glasperlen, das Garn und die Nadeln. Wir kaufen das alles beim Händler. Und nun sollten diese Frauen *neue* Keksdosen haben – sogar mit frischen Keksen drin.

Ein paar Frauen hatten sich bereits bei Chawa versammelt. Wir standen alle da und beobachteten sie, während sie Reichtümer einräumten, von denen wir noch nie geträumt hatten. Teolinda, meiner Mutter-Bruders Frau, drehte sich zu mir um und sagte: »Gib mir deinen kleinen Nawa-Kümmerling. Ich nähre sie. Meins schläft.« Sie nahm ihr Baby aus dem Tragetuch und legte sie auf eine Matte neben sich. Ich reichte ihr mein Baby. Sie sah so schön aus. Ihre Stirn war schon flacher und Nachi hatte Recht. Ihre Augenbrauen waren wunderbar. Meine schöne Tochter.

»Sie heißt Cami«, sagte ich.

»Hmm, hmm«, sagte Teolinda. »Was immer es sein mag.«

Die alten Damen packten einfach weiter ein und aus und kümmerten sich nicht um uns.

»Sieh dir das ganze Zeug an«, sagte Elena. »Ich habe noch

nie so viel Zeug gesehen, nicht einmal in dem Laden, in dem ich in Pucallpa war.«

»Vielleicht wollen sie hier einen Laden aufmachen«, sagte Teolinda. »Vielleicht sind ihre Preise ja besser als die von den diebischen Regatóns, die auf unserem Fluss herkommen.«

»Vielleicht wollen sie Bier verkaufen – vielleicht kaltes Bier. Und Süßigkeiten und Stoffe für Blusen und schönes buntes Garn zum Weben und vielleicht Eis!«

Wir lachten Shonta aus. Sie war Chawas älteste Tochter, jünger als ich, und sie hatte die größte Phantasie.

»Und wie sollten sie das Bier kalt machen, du dumme Gans?«, fragte ihre Mutter. »Es gibt gar kein kaltes Bier. Und es gibt auch kein Eis. Eis ist etwas, was sich jemand ausgedacht hat. Das ist nur Nawa-Gerede, Nawa-Gerede, damit wir glauben, es gäbe da draußen etwas Besseres. Lügen, alles nur Lügen.«

Chawa glaubte nichts, was sie nicht mit ihren eigenen Augen gesehen oder mit ihren eigenen Händen berührt hatte. Und sie glaubte ganz bestimmt nicht an etwas Kaltes. Ich war in Pucallpa gewesen und ich wusste, dass es kaltes Bier und Eis gab. Viele von uns wussten das. Chawa aber glaubte niemandem. Sie dachte, dass die Nawa uns durch einen Zauberspruch dazu brachten, ihnen alles zu glauben, wenn wir nicht mehr in unseren eigenen Dörfern waren.

»Seht mal, wie viel Zucker sie haben!«, sagte meine Mutter.

»Säcke voll Zucker. Und genauso viel Reis. Vielleicht wollen sie das ganze Dorf zum Abendessen einladen.«

»Das glaube ich nicht«, sagte Chawa. »Sie bewahren alles

nur auf. Sie haben mir nichts gegeben, seit sie hier wohnen. Ich habe ihnen einen großen Reh-Eintopf zum Abendessen gekocht und sie haben mir nicht einmal Reis dazu gegeben. Sie bringen mir jeden Abend nach dem Essen eine Tasse Kaffee – und eine zum Frühstück. Mehr nicht.«

»Chawa, du Lügnerin, sie haben dir Perlen geschenkt«, sagte meine Mutter. »Seht euch die neuen Perlen an, die sie trägt. Sie sind so rot. Hoshin shama. Sehr rot. Zeig sie uns mal, wir wollen gucken, ob du sie gut aufgezogen hast.«

Chawa nahm ihre große Perlenkette ab und breitete sie auf dem Boden aus.

»Was sollen das für Perlen sein? Sie sehen wie Bonbons aus«, sagte sie und zuckte mit den Schultern.

Zwischen den anderen Perlen, die Chawa besaß, sahen sie schön aus, wie frische, reife Beeren an einem alten, dürren Strauch.

»Dann haben sie mir halt Perlen geschenkt. Merkwürdige Perlen«, fuhr Chawa fort. »Ich werde sie aber sehr lange durchfüttern müssen. Seht euch ihr Haus an. Die Pfostenlöcher sind gerade ausgehoben worden. Und es hat noch keinen Fußboden. Es wird noch lange dauern, bis das Haus fertig ist. Und für meine Familie werden keine Bananen übrig bleiben, weil die alten Damen alle aufessen werden.«

»Haben sie noch mehr Perlen?«, fragte meine Mutter.

»Dosen voll von Perlen«, sagte Chawa. »Viele, viele Dosen, *voller* Perlen. Sie haben sie aus ihrem Land mitgebracht, um sie gegen unsere Sachen zu tauschen. Manche sind wirklich schön.«

»Ich geh ein paar alte Schüsseln holen, die ich gemacht

habe. Vielleicht tauschen sie mit mir«, teilte meine Mutter uns mit. Sie stand auf und marschierte auf unser Haus zu.

Ich hatte nichts zum Tauschen. Die Schüsseln, die ich gemacht hatte, waren nicht gebrannt, und den einzigen Rock, den ich selbst genäht hatte, trug ich gerade.

»Hier ist deine kleine Nawa. Sie hat großen Appetit«, sagte Teolinda und gab mir das Baby zurück. »Ich habe eine alte Pisha, die fast fertig ist. Vielleicht tauschen sie mit mir.« Sie stand auf und ging nach Hause.

»Ich geh hier nicht weg«, sagte Leoncia, Teolindas Mitfrau. »Ich will nichts verpassen. Vielleicht haben sie tatsächlich Eis, das sie irgendwo verstecken. Das hätte ich gerne. Eis.«

»Eis und Schildkröten, die fliegen. Darauf wirst du lange warten müssen«, lachte Chawa.

»Seht euch das an. Das sind Gewehrpatronen. Schachtel um Schachtel voller Patronen. Jetzt können wir alle fett werden«, sagte Leoncia. »Unsere Männer werden so viel Fleisch mitbringen, dass wir vier Mahlzeiten am Tag essen können. Nur Fleisch. Schlaf, meine Kleine«, flüsterte sie ihrem Baby im Tragetuch zu. »Du wirst groß und schön und fett werden, dank der beiden alten Damen. Und dann wirst du einen schmucken Jäger heiraten, der von deiner fetten Schönheit verzaubert ist und dir viel Fleisch mitbringt, für immer.«

Vielleicht würden die alten Damen nicht geizig zu mir sein. Vielleicht würden die alten Damen mir helfen, meine Cami zu ernähren. Vielleicht würden sie mir helfen, Cami zu retten. Cami drehte sich in meinem Tragetuch auf die Seite. Ich klopfte ihr auf die Schulter und sie gurrte. Sie sah schon viel besser aus als an dem Abend, an dem ich sie zu mir genommen hatte. Außer Nachi und mir schien niemand zu bemerken, wie schön sie war.

Meine Mutter und Teolinda kamen zurück, meine Mutter mit einer Trinkschale, Teolinda mit einer Männertasche ohne Papiti, ohne Schlinge. Teolinda hielt Margarita die Tasche unter die Nase.

»Oinhue. Nato pisha hacon shama«, sagte Teolinda.

Margarita sah sich die Pisha an. »Hacon shama icha«, sagte sie lächelnd zu Teolinda. Alle Frauen lachten. Margarita hatte »Sehr hübsch viel« gesagt. Margarita gefiel die Pisha aber. Sie nahm sie in die Hand und strich mit dem Finger über das Muster, das Teolinda gemalt hatte.

»Hahueti copi?«, fragte Margarita richtig. Wie viel kostet das?

»Hahueti raibirai«, antwortete Teolinda. Was immer es kosten mag.

Margarita rief Joanna und zeigte ihr die Tasche.

»Icha hacon shama«, sagte Joanna. Viel sehr hübsch.

Sie redeten ein bisschen miteinander und dann sagte Margarita schließlich: »Teoti raveu.« Zwei Perlenketten!

Teolinda nickte und nickte. Sie war sehr glücklich. Zwei Perlenketten!

»Sag ihnen, sie sollen dir die Ketten zeigen«, sagte meine Mutter zu ihr. »Gib ihnen die Pisha nicht, bevor du die Ketten gesehen hast.«

Margarita grub in einer Dose und holte zwei kleine Beutel mit leuchtenden Perlen heraus. Sie reichte Teolinda die Beutel.

»Sie hat Perlen gemeint, keine Ketten«, sagte meine Mutter. »Die Perlen sind sehr schön. Nimm sie.«

Teolinda nahm die Perlen und sagte zu meiner Mutter: »Es ist ihnen egal, dass sie kein Papiti hat.«

»Vielleicht sind sie gar nicht so geizig«, sagte Elena.

»Vielleicht nicht oder vielleicht doch«, sagte meine Mutter. »Sie sind Nawa. Wir werden sehen.«

Meine Mutter zeigte ihre Trinkschale. »Hacon. Hacon shama«, sagte meine Mutter.

»Hacon«, sagte Margarita. »Hacon.«

Meine Mutter sah zu mir herüber und kicherte. »Die Schale ist eine der schlechtesten, die ich gemacht habe. Ich wollte sie wegwerfen. Siehst du, wie hässlich das Muster geworden ist? Ich wollte etwas Neues ausprobieren und es hat nicht geklappt.« Zu Margarita sagte sie: »Ravue. Ravue teoti. Teolinda quesca.« Und zu mir: »Glaubst du, sie werden mir wirklich zwei Beutel Perlen für diese alte, hässliche Schale geben?«

Margarita grub noch einmal in der Dose und gab meiner Mutter zwei Beutel Perlen. Inzwischen gingen alle Frauen im Dorf nach Hause, um nach irgendwelchen alten Sachen zu suchen, die sie gegen zwei Beutel Perlen tauschen konnten. Die Frauen kamen an mit alten Schüsseln, unglasierten Schalen, halb fertigen Röcken, Cushmas, Pishas, Perlenketten und Armbändern. Was ihnen gerade in die Hände fiel.

Ich wünschte, ich hätte mir von meiner Mutter nicht alles machen lassen; ich wünschte, ich hätte ein paar alte Röcke oder Schalen oder Taschen, um mit den alten Damen tauschen zu können. Ich wollte auch gern solche Perlen haben.

Margarita kaufte noch ein paar andere Dinge und Joanna kaufte eine Schale. Inzwischen drängten sich aber viele Frauen in ihrem Haus. Ein paar Frauen fingen an die Keksdosen zu öffnen, um sich die Sachen der alten Damen anzusehen. Erst lachten die alten Damen und schoben die Dosen weiter weg. Die Frauen aber gingen überall herum und sahen sich alles an. Margarita fing an zu schreien, wir sollten aufhören, weggehen. Joanna sagte nichts, doch sie kniff ihre Lippen zusammen und drehte ihren Fischring.

»Elena, du dachtest, sie wären nicht geizig«, sagte meine Mutter. »Du hattest Unrecht. Sie sind schlimmer als alle Nawa, die ich bisher kennen gelernt habe. Sie haben so viel und sie geben so wenig.«

Sie hatte Recht. Sie hatten so viele Perlen und sie trugen sie nicht einmal. Was war los mit ihnen?

Einige Frauen hatten es geschafft, sich ein paar Beutel Perlen zu nehmen, sie in ihren Tüchern zu verstecken und ihren Verwandten noch mehr Beutel Perlen zuzustecken. Wir nahmen uns alle von den Perlen. Ich bekam einen Beutel mit winzig kleinen weißen Perlen. Sie waren sehr merkwürdig. Sie sahen aus wie Babyzähne.

Nach dem Tag der Perlen gingen alle Leute im Dorf noch tagelang zum Haus der alten Damen, um sich Perlen zu holen. Die Männer wollten Perlen für ihre Frauen haben, die Frauen wollten sie für sich selbst, Kinder wollten ihren Müttern welche geben.

»Es gibt keine Perlen mehr«, behaupteten die alten Damen. »Sie sind alle weg. Ihr habt sie alle mitgenommen.«

»Wo sind *meine* Perlen? Warum haben alle neue Perlen bekommen, nur ich nicht?« Keine Frau wollte zugeben, dass sie sich Perlen genommen hatte oder dass eine andere ihr welche gegeben hatte. Doch es waren tatsächlich keine Perlen übrig geblieben. Und die alten Damen waren wirklich sauer.

»Was haben sie sich denn gedacht?«, meinte meine Mutter. »Dachten sie, sie können hier leben und so viele Dosen voller Perlen vor unseren Nasen aufbewahren, wo wir alle gern welche hätten? Sie haben mehr Perlen mitgebracht, als man jemals gebrauchen kann. Und sie tragen sie nicht einmal! Warum sind sie so sauer? Sie haben die Perlen für uns mitgebracht. Und jetzt haben wir sie.«

7

Kurz nach dem Tag der Perlen führten die alten Damen zwei neue Dinge ein. Erstens sagten sie uns, wir sollten uns bei ihnen Medizin holen. Sie hatten Augentropfen für entzündete Augen, Aspirin für Schmerzen, Paregorico für Durchfall, für Wunden gab es eine weiße Salbe und eine blutrote Flüssigkeit, die brannte, und Antibiotika hatten sie für sehr schlimme Wunden. Sie warteten jeden Morgen in Chawas Haus und wir konnten hingehen und uns Medizin holen. Das war gut. Die zweite Sache war allerdings nicht so gut. Sie gingen jeden Abend durch das Dorf und besuchten jedes Haus. Sie besuchten alle achtzehn Häuser. Anscheinend bemerkten sie nicht, dass das sonst keiner tat. Keiner besuchte alle. Man besucht einen. Man schlendert nicht durch das ganze Dorf. Diese Frauen hatten keine Manieren. Sie platzten einfach bei jemandem ins Haus, auch wenn es gerade Essenszeit war. Wenn normale Menschen zufällig Leute besuchen, die gerade anfangen zu essen, werden sie zum Essen eingeladen. Wenn das geschieht oder wenn man wirklich Hunger hat und absichtlich zur Essenszeit gekommen ist, dann weiß man, dass man das zurückgeben muss. Leute, die ihr Essen mit dir teilen, werden dich auch zum Essen besuchen. So gehört sich das. Aber diese Frauen! Die wanderten durch das Dorf, während alle aßen, und sagten dann: »Nein, danke. Wir haben keinen Hunger.« Warum besuchten sie denn Leute, die gerade aßen?

Juanita und ihre Schwester wollten ihnen eine Lektion erteilen. Sie fanden heraus, dass Margarita Nimeran ein paar Patronen gegeben hatte im Tausch gegen ein Stück von dem Fleisch, das er erlegen würde, wenn er das nächste Mal auf die Jagd ging. Und Nimeran war gerade mit einem schönen, großen Reh zurückgekommen. Die alten Damen bekamen eine Keule. Chawa kochte ihnen die Keule, und als sie die Hühner aus der Küche verscheuchten, um sich zum Essen hinzusetzen, gingen Juanita und ihre Schwester sie »besuchen«. Chawa wusste natürlich, was los war. Sie wusste auch, wie hungrig Margarita und Joanna waren. Sie hatten mindestens eine Woche lang kein Fleisch mehr gegessen. Ich beobachtete sie von meinem Haus aus, während ich meine kleine Cami in der Hängematte schaukelte. Meine Mutter beobachtete sie auch. Cami beobachtete ihre Finger, wie sie es immer tat, bevor sie einschlief. Sie hielt sich die Hände ganz dicht vor die Augen, als wäre sie eine alte, halb blinde Dame, und starrte ihre beweglichen Fingerspitzen an. Das tat sie so lange, bis ihre Augenlider flatterten und dann zufielen.

»Hohue«, sagte Joanna zu Juanita und Paulita. Die passende Begrüßung hatte sie zumindest gelernt.

»Hoho«, antworteten die beiden, lehnten sich gegen die Küchenpfosten und sahen auf die Schüsseln voll wunderbar duftendem Rehbraten.

»Ich weiß nicht, ob sie euch zum Essen einladen werden oder nicht«, sagte Chawa. »Wenn sie hungrig sind, sind sie Tiere. Joanna riss meiner Kleinen neulich das letzte Stück

Schildkrötenfleisch fast aus der Hand. Sie haben keine Manieren und nur wenig Verstand. Und sie geben mir und meinen Kindern nichts.«

»Nun, wir werden einfach abwarten, was passiert«, sagte Paulita. Und sie blieben beide an die Küchenpfosten gelehnt stehen. Joanna fand das nicht angenehm, sie sprach mit Margarita, die nachzudenken schien, oder was immer es sein mochte. Dann wurden die beiden sich irgendwie einig und Margarita sagte zu Juanita und Paulita: »Setzt euch und esst. Pihue!«

»Vielleicht haben sie doch schon etwas gelernt«, sagte Chawa zu Juanita, als Juanita ihre Finger in die große Schüssel Rehbraten steckte. Joanna stand auf und holte noch zwei Löffel aus dem Küchenregal und reichte jedem Gast einen. Die alten Damen aßen nie mit den Fingern und schienen nicht zu begreifen, warum wir das taten. Manche von uns besitzen zwar Löffel, doch wir benutzen sie kaum. Mit den Fingern geht es viel leichter und die heiße Soße macht uns nichts aus.

»Wahrscheinlich sind sie nicht immer so geizig, wie sie meistens sind«, sagte meine Mutter.

»Zumindest sind sie interessant. Und es macht Spaß, ihnen zuzuschauen«, sagte Chawa.

Und das ganze Dorf schien ihr zuzustimmen. Es machte Spaß, den beiden zuzuschauen.

Am nächsten Morgen brachten die alten Damen Haferbrei zu den Männern, die ihr Haus bauten. Am Nachmittag setzten sie ihr Lächeln auf und kamen zu uns.

»Hohue«, sagte meine Mutter. »Alicia, sag ihnen, sie sollen sich setzen, damit du ihnen die Köpfe entlausen kannst. Dann sag ihnen, dass sie dir für deine dünne Nawa ein bisschen Zucker geben sollen.«

Vielleicht werden sie nicht mehr so geizig sein, wenn ich ihnen helfe. Ich wusste, dass die Läuse sie plagten.

»Setzt euch, damit ich euch die Läuse vom Kopf zausen kann«, sagte ich.

Joanna war glücklich. »Icha ia«, sagte sie. »Ich habe viele Läuse.«

Tatsächlich. »Sieh mal«, sagte ich zu meiner Mutter, als ich durch Joannas lange Haare fuhr. »Hast du jemals so viele gesehen?«

An jeder Haarsträhne krochen die Läuse auf und ab. Egal, wohin man auf Joannas Kopf sah, überall bewegte sich etwas. »Eine Sache, mit der sie nicht geizt«, sagte meine Mutter.

Ich zündete meine Pfeife an und blies ihr den Rauch über den ganzen Kopf. »Das hilft, die Läuse umzubringen«, erklärte ich ihr. Und dann arbeitete ich mich durch ihr Haar, Strähne um Strähne, und entfernte dabei mehr Läuse, als ich je zuvor auf einem Kopf gesehen hatte. Joanna saß ganz still. Ihre Haare waren ganz weich. Meine Mutter fing an Margaritas Kopf zu entlausen. Er sah beinahe so schlimm aus wie Joannas. Cami lag neben mir auf einer Matte. Sie lag auf dem Rücken, strampelte mit Armen und Beinen und versuchte ihre Arme so hoch zu heben, dass sie ihre Finger direkt vor ihr Gesicht halten konnte.

»Wie alt ist dein Baby?«, fragte Joanna.

»Ich weiß nicht. Ich habe sie mitgenommen, als ihr weg wart.«

»Genommen?«

»Ja. Ich habe sie genommen, weißt du, adoptiert. Sie ist eine Nawa«, sagte ich und erzählte ihnen, warum ich meine kleine Cami adoptiert hatte.

Joanna bekam große Augen. »Aber wie nährst du sie denn? Wie hältst du sie am Leben?«, fragte sie.

»Ich gebe sie meinen Verwandten, die Milch haben. Manchmal nährt meine Mutter sie, manchmal gebe ich ihr auch Chapo. Ich tröpfle ihr Chapo in den kleinen Mund. Aber sie hat ständig Hunger.«

»Sie ist so schön«, sagte Joanna. »Und du hast ihr die Stirn geglättet. Sie sieht wie eine Isabo aus. Ein schönes Isabo-Baby.« Bisher hatte nur Nachi gesagt, wie schön sie war. Und nun Joanna.

»Sie ist sehr schön«, stimmte Margarita ihr zu. »Sieh mal diese wunderbaren Augenwimpern! Wie lang die sind!«

»Frag sie, ob sie dir was von ihrem Essen abgeben. Frag sie jetzt gleich.«

Das war schwer. Es war an *ihnen,* mir Essen für das Baby anzubieten. Ich sollte sie nicht darum bitten müssen. Aber sie wussten nicht, wie man sich benimmt. Also war ich gezwungen, sie zu bitten. Das war schlimm genug. Ich war mir aber sicher, dass sie Nein sagen würden, so wie immer. Wenn man um etwas bittet und Nein als Antwort bekommt, ist das die schlimmste Beleidigung.

»Mama, sie werden Nein sagen. Ich möchte sie nicht bitten«, sagte ich schnell zu meiner Mutter.

»Sie sind Nawa«, knurrte meine Mutter. »Glaub doch nicht, dass sie Menschen sind. Es macht nichts, wenn sie Nein sagen. Es bedeutet nichts. Nur dass sie geizig sind. Frag sie. Von sich aus werden sie nie etwas geben.«

»Gebt mir etwas von eurem Zucker, damit ich sie füttern kann«, sagte ich zu Joanna. »Sie ist sehr hungrig.« Ich dachte, dass Joanna vielleicht nicht ganz so geizig war wie Margarita. Ich hoffte das.

Joanna sah Margarita an. Margaritas Gesichtsausdruck veränderte sich; sie sah so aus, wie sie immer aussah, wenn sie Nein sagen wollte. Doch dann redete Joanna ganz schnell und drehte ihren silbernen Fischring und Margaritas Gesicht wurde weicher.

»Ich gebe dir später etwas«, sagte Joanna. »Komm heute Abend zu uns.«

»Geizige alte Damen«, murmelte meine Mutter. »Sie werden dir nichts geben.«

Als sie an dem Abend vor ihrer Küche saßen und sich am Sonnenuntergang freuten, ging ich mit meiner Cami im Tragetuch zu ihnen hinüber. Joanna streckte ihre Arme aus.

»Darf ich sie halten?«, fragte sie mich.

»Ja«, sagte ich. Ich reichte ihr Cami.

»Sie ist so leicht«, sagte Joanna. »Wie eine Feder.« Joanna hielt sie in beiden Armen. Sie sah Cami an und lächelte.

»Alicia«, sagte sie. »Sie ist so süß. Sieh mal, sie lächelt mich an.«

Cami steckte die Zunge heraus. Joanna steckte die Zunge heraus. Cami lächelte.

»Sie ist so süß, so süß. Wie Zucker«, sagte Joanna. Und dann sang sie Cami etwas vor. Sie sang leise, in ihrer Sprache. »Das ist ein Lied darüber, so süß wie Zucker zu sein«, sagte sie, als sie fertig war. »Meine Mutter hat es mir oft vorgesungen.«

Margarita nahm ihr das Baby ab. Joanna holte aus einem ihrer Kochtöpfe einen großen Plastikbeutel mit Zucker. Sie steckte ihn schnell in mein Tragetuch und schaute dann, ob jemand es gesehen hatte. Endlich war sie einmal nicht geizig und das wollte sie geheim halten!

»Wenn du Zucker für Cami brauchst, frag mich einfach«, flüsterte sie. »Ich werde ihr immer etwas aufbewahren.«

»Gut«, sagte ich. Vielleicht wird sie eines Tages lernen, mir einfach etwas zu geben, ohne dass ich sie darum bitten muss. Ich nahm Cami zu mir und setzte mich. Ich spürte den Beutel mit Zucker in meinem Tuch. Es war ein großer Beutel. Mit dem Zucker würde ich Cami tagelang füttern können. Cami machte ihre neuen, gurgelnden Töne, indem sie ihre Zunge herausstreckte und dann im Mund hin und her bewegte.

»Erzähl uns etwas von deinen Caibo«, sagte Joanna. »Erzähl uns etwas von dem, was ihr Verwandtschaft nennt. Wie nennst du deine Schwester?«

»Meine Schwester ist meine Schwester«, sagte ich. Meine Huetsa.

»Du nennst aber auch Wishtin deine Schwester, nicht wahr?« Margarita hatte ihr orangefarbenes Notizbuch und ihren Stift bereits in der Hand.

»Ja. Wishtin ist meiner Mutter-Mutter Schwester Tochters Tochters Tochter. Da mein Vater aber, kurz bevor Wishtin geboren wurde, mit ihrer Mutter Sex hatte, können wir Schwestern zueinander sagen. Selbstverständlich sagen wir das nicht, wenn Wishtins Vater es hören kann.«

»Warum nicht?«, fragte Margarita.

»Warum nicht?« Hatten sie denn keine Ahnung? Ich versuchte ganz langsam mit ihnen zu sprechen. »Männer denken gerne, dass sie die einzigen Väter ihrer Kinder sind. Sie werden nicht gern daran erinnert, dass ein anderer Mann oder mehrere andere Männer auch dabei halfen, ihr Kind zu machen.« Obwohl es natürlich so ist. Und das ist gut so, denn alle wissen, dass ein Baby mit viel Sex gemacht wird.

»Was meinst du damit?«, fragte Joanna.

Kein Wunder, dass sie keine Kinder hatten! »Immer wenn ein Mann und eine Frau Sex haben, kommt dieses Zeug aus seinem Penis heraus und wandert in ihre Vagina«, erklärte ich ihnen.

»Ja«, sagte Joanna. »Das wissen wir.«

»Nun, das Zeug macht die Babys. Man braucht eine Menge von dem Zeug, um ein Baby zu machen und es wachsen zu lassen, damit es gesund geboren wird.«

»Aha. Es ist also gut, viel Sex zu haben, weil die Babys dann gesünder sind?«

»Ja, klar. Und es ist gut, mit ein paar Männern – nicht zu vielen – Sex zu haben, weil das Zeug von ein paar verschiedenen Männern zusammen ein schönes, großes Baby machen kann.«

Sie staunten. »Du meinst, mehrere verschiedene Männer können die Väter von einem Kind sein?«

»Ja, klar«, sagte ich. Ich kam mir vor, als würde ich mit zwei kleinen Kindern reden. »Wusstet ihr das nicht?«

»Und warum sollte man nicht mit zu vielen Männern Sex haben? Was sind zu viele? Warum ist das nicht gut?«

»Zu viele sind mehr als drei oder vier. Alle Väter müssen sich an die Tabus halten, sonst schaden sie ihrem Baby.«

»Welche Tabus?«

Sie wussten gar nichts. »Männer dürfen nicht hart arbeiten, solange ihre Babys noch klein sind. Und sie dürfen keinen weißen Affen und kein Tapirfleisch essen«, sagte ich. »Tun sie es doch, stirbt das Baby. Bei zu vielen Vätern würde einer ganz bestimmt etwas falsch machen. Einer von ihnen würde bestimmt etwas tun, was seinem Kind schadet.«

Cami fing an zu weinen.

»Sie hat Hunger. Ich bringe sie meiner Mutter zum Nähren«, sagte ich und ging nach Hause. Ich hatte ihre Fragen satt. Sie wussten so wenig und stellten so viele Fragen.

8

Diese Frauen wollten Babys erforschen! Sie wussten nicht einmal, wie eins gemacht wird. Unglaublich. Und von Sauberkeit hatten sie gar keine Ahnung. Als sie ankamen, badeten sie nicht – mindestens zwei Tage lang, vielleicht auch länger. Ich konnte es nicht fassen. Keiner konnte es fassen. Sie badeten morgens nicht und sie badeten abends nicht. Und sie gingen hinter die Häuser in den Dschungel, um ihr Geschäft zu erledigen. Wir waren entsetzt. Es war schlimm genug, dass sie selbst schmutzig waren. Doch sie beschmutzten auch unseren kleinen Dschungel. Jemand muss es ihnen dann gesagt haben, denn bald gingen sie in den Fluss, genau wie wir, um ihr Geschäft zu erledigen. Doch man hatte ihnen nicht gesagt, dass sie sich mit dem Gesicht aufwärts hinhocken mussten. Das lernten sie eines Morgens durch die harte Realität, als Großmutter Yoshran schlimmen Durchfall hatte. Seit dem Tag hockten sie sich immer mit dem Gesicht stromaufwärts hin.

Sie lernten auch, sich jeden Morgen unten am Fluss zu baden, so wie alle anderen es taten, und dabei nur den kleinen Teil des Flusses zu benutzen, der direkt vor ihrer Küche lag. Sie badeten sich aber nicht wie alle anderen. Wenn sie fertig waren, kamen sie das Ufer hinauf, so stolz wie junge Jäger, die das erste Großwild erlegt hatten. Sie taten, als wären sie sauber – und hatten nicht ein einziges nasses Haar auf dem Kopf! Keinen Tropfen Wasser im Haar. Nein, sie steckten sich die Haare sogar hoch, damit sie *nicht* nass wurden. Sie wuschen sich nur die Körper.

»Sie sind so dreckig wie alle Nawa«, sagte meine Mutter.

Ich wusste nicht, wie ich es ihnen sagen sollte, aber ich war mir sicher, dass ich es tun musste. Sie versuchten sich richtig zu benehmen. Jemand musste ihnen sagen, was sie falsch machten. Ich wollte Elena dazu überreden, es ihnen zu sagen, doch Elena wollte lieber das merkwürdige Verhalten der alten Damen beobachten. Sie wollte nicht, dass die alten Damen sich änderten.

Joanna war zu Hause. Ich band mir das Tragetuch mit der schlafenden Cami um, ging hinüber und setzte mich.

»Ist Sauberkeit wichtig, da, wo ihr herkommt?«, fing ich vorsichtig an. Es war am Morgen, doch die Sonne hatte schon die Moskitos vertrieben. Jetzt wimmelte es von Stechmücken.

»O ja. Sehr wichtig«, erzählte Joanna mir und schlug nach den nervenden kleinen Mücken. »Ich dusche jeden Morgen, bevor ich mich anziehe. Jeden Morgen. Die meisten meiner Landsleute tun das.«

»Was heißt duschen?«, fragte ich sie.

»In unseren Häusern gibt es ein Zimmer, das wir Badezimmer nennen«, erzählte sie weiter. »Im Badezimmer gibt es eine Toilette, ein Waschbecken, eine Badewanne und eine Dusche. Auf die Toilette setzt man sich, um seine täglichen Geschäfte – beide – zu erledigen, und am Waschbecken ist ein Rohr befestigt, aus dem Wasser herauskommt, damit man sich die Hände waschen kann, und die Wanne oder Dusche bestehen aus einem größeren Becken, in das viel

Wasser aus einem noch größeren, höheren Rohr fließt, damit man sich ganz waschen kann.« Sie bewegte sich, als würde von hoch über ihrem Kopf Wasser hinunterfließen, und schlug gleichzeitig nach ein paar Stechmücken.

»Wie kommt das Wasser *in* die Häuser?«, fragte ich. Sie hatten mir Bilder von ihren Häusern gezeigt, von ihren Wohnungen, die alle irgendwie übereinander gestapelt sind.

Joanna sah mich überrascht an. »Ich weiß nicht«, sagte sie. »Ich kann es nicht erklären. In unserem Leben gibt es vieles, was ich nicht erklären kann. Aber es ist dennoch wahr.« Sie fühlte sich nicht wohl in ihrer Haut. Obwohl ich nicht glaubte, dass sie log. Warum sollte sie lügen? Aber etwas verstand ich nicht. Warum wusste sie nicht, wie das Wasser in ihr Haus gelangte?

»Wie weit lebst du vom Fluss entfernt?«, fragte ich.

»Oh, nicht weit.« Joanna antwortete mir und unterbrach sich dann. Sie wedelte mit den Händen vor ihrem Gesicht, um die Stechmücken zu verscheuchen. Sie ließen sich nicht verscheuchen. »Das Wasser in unseren Häusern kommt aber nicht aus dem Fluss.«

Das war bestimmt eine Lüge. »Wo kommt es her?«, fragte ich. Ich wartete gespannt auf eine echt unglaubliche Geschichte.

»Nun, es kommt aus einem großen Teich, den wir Reservoir nennen. Das Reservoir für unser Haus liegt weit, weit entfernt.«

»Wie viele Tage mit dem Kanu?«, fragte ich.

»Oh, vielleicht zwei Tage mit dem Kanu. Doch keiner besitzt ein Kanu. Das Wasser aus dem Reservoir wird unter der Erde durch große, dicke Rohre geschickt und kleinere

Rohre übernehmen dann das Wasser aus den größeren Rohren und schicken es in jedes Haus.«

Ich wusste nicht genau, was sie meinte, mit dem Wasser, das »geschickt« wird. Wer schickte es? Rohre können doch kein Wasser herumschicken. Doch es gab etwas, das ich noch weniger verstand.

»Und wie kommt es *hinauf* in eure Häuser, da hoch hinauf in die Luft?«

»Ich weiß nicht«, sagte Joanna. »Ich weiß es wirklich nicht. Ich verstehe es auch nicht, aber so ist es. So leben wir dort. So ist unser Brauch.«

»Oh«, sagte ich. Beinahe hätte ich vergessen, warum ich mit ihr dieses Gespräch angefangen hatte.

»Sauberkeit ist bei uns auch wichtig«, begann ich noch einmal. »Und wir haben bemerkt, dass ihr jeden Morgen am Fluss unten baden geht, genau wie wir, und das ist gut. Aber da gibt es etwas, was den Leuten langsam Sorgen macht.« Ich sprach schnell, denn ich wollte nicht von Joannas Fragen unterbrochen werden. »Zwar ist es gut, dass ihr das tut, was wir auch tun, doch da gibt es etwas beim Baden, das ihr anscheinend nicht versteht.«

»Was könnte das sein?«, fragte Joanna und drehte an ihrem Fischring.

»Eure Haare sind nie nass. Ihr geht hinunter zum Fluss, taucht eure Körper unter und nehmt sogar Seife mit, aber wenn ihr zurückkommt, sind eure Haare immer trocken. Eure Haare sind nie nass.«

»Ich wasche aber meine Haare nachmittags, nachmittags, wenn wir baden gehen«, sagte Joanna.

»Aber morgens seid ihr schmutzig. Schmutzig nach der

wichtigsten Badezeit. Schmutzig am Anfang des Tages. Darum lachen die Leute euch morgens aus.«

»Ich habe mich schon gefragt, warum sie das tun«, sagte Joanna. »Ich dachte, sie freuen sich darüber, dass wir endlich auch zweimal täglich baden, genau wie ihr.« Sie sah traurig aus. Ich hatte sie noch nie traurig gesehen.

»Es tut mir Leid. Ich wollte es euch nur sagen.«

»Ist okay.« Sie lächelte. »Leben und lernen. Es gibt so vieles, das wir nicht wissen.«

Da hatte sie Recht. Zumindest lernte sie etwas dazu. Ich lächelte auch und wedelte ihr mit meinem Tuch um den Kopf, um die Stechmücken zu verscheuchen.

Ich weiß, dass sie es Margarita später erklärt hat, als Margarita an dem Morgen von irgendeiner Arbeit zurück war. Am nächsten Morgen kamen sie beide vom Fluss zurück und hatten sehr nasse Haare.

»Sieh mal, sie wollen sich wohl wie richtige Menschen benehmen«, sagte meine Mutter. »Bestimmt wollen sie etwas von uns.«

Die alten Damen waren so glücklich, als alle ihnen zulächelten. Sie schienen sich darüber zu freuen, dass sie das Richtige getan hatten. Sie möchten, dass man sie mag, es ist ihnen wichtig, dass wir sie mögen, dachte ich. Ich hätte nie geglaubt, dass ihnen daran lag. Doch sie waren glücklich darüber, dass sie gelernt hatten, wie man sich richtig benimmt. Sie stolzierten am Ufer entlang und schüttelten ihr langes, nasses Haar, sodass keiner übersehen konnte, wie nass es war. Und ich freute mich darüber, dass wir ihnen nicht egal waren, dass es ihnen etwas bedeutete, was wir von ihnen hielten.

9

In der Nacht, als alle schon lange schliefen, hörte ich Stimmen in dem Haus der alten Damen. Ich setzte mich auf und konnte sie durch ihr Moskitonetz sehen. Sie hatten eine Kerze angezündet und ihre Stimmen waren lauter als sonst. Und sie hörten sich anders an – nicht so, wie bei anderen Gesprächen. Chawa war mit ihren Kindern bei ihrer Schwester in Weesoshando zu Besuch. Die alten Damen waren allein und irgendetwas stimmte nicht.

Ich nahm meine kleine Cami, wickelte mir ein Tuch um die Schultern und verscheuchte die Moskitos vom Gesicht meines schlafenden Babys, während ich mich auf Zehenspitzen zu ihrem Haus hinüberschlich. Margarita krümmte sich förmlich am Boden und Joanna blätterte in einem Buch und las laut daraus vor. Dann ließ sie das Buch fallen, rückte zu Margarita hin und umarmte sie fest. Margarita stöhnte und weinte. Ich ging hinein. Joanna war blass und ihre Augen waren so groß wie die eines wilden Pekaris.

»Was willst du?«, fauchte Joanna. »Ich kann dir nichts geben.«

Joanna hatte noch nie so gesprochen, so böse, so gemein.

»Was ist los?«, fragte ich. »Was ist los mit dir?«

»Es ist Margarita«, sagte sie. »Tut mir Leid. Sie ist krank. Sie hat sehr schlimme Magenschmerzen«, sagte sie. »Ich versuche herauszufinden, was ihr fehlt. Das ist ein Medizinbuch aus meinem Land. Es wird mir sagen, was zu tun ist. Die Pillen, die wir haben, hat sie alle erbrochen.« Joanna redete sehr schnell, als müsste sie woanders hingehen, sobald sie ausgeredet hatte.

Neben Margarita stand ein großer Kochtopf, der, wie ich am Geruch erkannte, alles enthielt, was Margarita erbrochen hatte.

Margarita sah wirklich krank aus. Ich hatte noch nie zuvor eine kranke Weiße gesehen, aber ich hatte jede Menge kranke Verwandte gesehen, und Margarita war krank. Jetzt erbrach sie wohl nur, aber das könnte erst der Anfang sein. Sie könnte die Brech- und Durchfallkrankheit haben und ganz schnell sterben. Ich drückte meine Nawa an mich. Ich war wütend auf Joanna. Warum hatte sie nicht um Hilfe gebeten?

»Wie kannst du nur hier sitzen und ihr etwas vorlesen? Sie muss geheilt werden. Egal, ob sie mit dir verwandt ist oder nicht! Sie braucht deine Hilfe, sie muss geheilt werden.«

Joanna starrte mich an.

»Was ist los mit dir?«, fragte ich sie. »Warum hast du Papaisi nicht gerufen? Er kann sie in wenigen Sekunden heilen.« Cami fing an zu weinen. Ich steckte ihr meinen Finger in den Mund und sie saugte daran. Joanna starrte mich an. Nun sahen ihre Augen aus wie die eines toten Pekaris.

»Ich gehe Papaisi holen.« Ich verließ die alten Damen und ging zu Papaisis Haus. Ich weckte ihn und erzählte ihm, dass die beiden alten Damen versuchten, Margarita mit einem Buch zu heilen! Er war verblüfft – und beleidigt. Er holte sich seine Pfeife und kam mit mir mit. Als er ihr Haus betrat, übernahm er das Regiment.

»Keine Sorge«, sagte er zu Joanna. »Ich werde sie heilen.«

Was war los mit Joanna? Sie hatte sich einfach hingesetzt, für was weiß ich wie lange, und während Margarita stöhnte und sich vor Schmerzen krümmte, hatte sie einfach ihr Buch gelesen.

Papaisi führte Margarita auf die Veranda und sagte, sie solle sich auf den Rücken legen. Ich holte die Kerze unter dem Moskitonetz hervor und brachte sie auf die Veranda, damit er besser sehen konnte. Er strich Margarita über den Bauch, bis er spürte, wo der Geist sich festgesetzt hatte. »Aha, hier ist er«, sagte er. Inzwischen hatte sich das ganze Dorf auf der Veranda versammelt und schaute zu. Papaisi rauchte seine Pfeife, inhalierte und verschluckte ein wenig Rauch. Den Rest behielt er im Mund. Als er genug hatte, legte er seinen Mund über die Stelle, an der sich der Geist in Margaritas Magen niedergelassen hatte, und lockte ihn heraus. Er blies den Rauch über die Stelle, und als der Geist herauskam in seinen Mund, biss er in Margaritas Bauch. So versiegelte er das Loch, aus dem er hervorgekommen war, damit der Geist nicht zu Margarita zurückkehren konnte. Dann beugte er sich über den Rand der Veranda und spuckte den Geist aus. Cami saugte nicht mehr an meinem Finger und schlief ein.

»Ah«, seufzten wir alle erleichtert. »Rambi yoshin. Cahue, yoshin.« Es war vollbracht. Es war vorbei. Der Geist war weg und Margarita war geheilt. Wir wussten das, Joanna aber sah immer noch besorgt aus. Dann setzte Margarita sich auf und sah uns alle an. Sie sah Joanna an und sagte zu ihr: »Es ist weg. Nichts mehr da. Was ist passiert?« Und dann lächelte sie. Und Joanna brach in Tränen aus.

»Du hättest ihn früher rufen sollen, du böse alte Frau«, sagte ich zu ihr.

»Das nächste Mal tue ich das auch, versprochen«, sagte sie und umarmte mich und strich über Camis kleinen Kopf. »Es tut mir Leid. Du hast Recht. Es tut mir Leid, dass ich dich angeschrien habe. Du wolltest uns helfen. Ich hatte solche Angst. Das nächste Mal hole ich dich.« Sie umarmte mich immer noch und weinte.

»Gib Papaisi ein paar Zigaretten«, flüsterte ich ihr zu. »Du darfst jetzt nicht geizig sein.« Der alte Mann stand da und wartete und ich wusste, dass er müde war und wieder zu Bett gehen wollte.

»Nur Zigaretten? Reicht das?«, fragte Joanna.

»Ja, das reicht«, sagte ich.

Joanna holte eine ganze Packung Zigaretten und gab sie Papaisi. Das freute mich. Als sie ihn umarmte und ihm dankte, sagte er: »Könntest du mir vielleicht etwa vier von diesen weißen Pillen geben, die für Schmerzen? Mein Magen tut mir heute Abend sehr weh.«

Joanna lachte und holte vier weiße Pillen aus ihrem großen Medizinkasten. »Aspirin«, sagte sie.

Ich war froh, dass Papaisi Margarita geheilt hatte. Ich war froh, dass es Papaisi und nicht Joanna mit ihrem Buch gewesen war. Die beiden alten Damen hatten nun mehr Achtung vor uns als vorher. Ich glaube, auf Joanna hatten wir noch mehr Eindruck gemacht als auf Margarita. Sie war es gewesen, die sich Sorgen gemacht hatte, und sie war es gewesen, die nichts unternommen hatte, die nicht um Hilfe gebeten hatte, als sie sie brauchte. Margarita war so krank gewesen, dass sie sich nicht viele Gedanken machen konnte. Joanna aber, das wusste ich, hatte an den Tod gedacht. Und Papaisi hatte ihre Freundin vor dem Tod gerettet, vor dem Tod weit weg von zu Hause, unter Menschen, die sie nicht kannten und nicht liebten. Margarita wäre wenigstens tot gewesen – Joanna hätte noch einsamer als früher weiterleben müssen. Und ich wusste, dass sie geglaubt hätte, sie wäre schuld gewesen an dem Tod ihrer Freundin. Natürlich hatte sie Unrecht. Es war der Geist, dem Margarita in der Schlucht begegnet war, als sie Giftfische fangen ging. Papaisi erzählte uns das. Es war ein Baumgeist, der sie krank gemacht hatte. Doch ich wusste, dass Joanna das nicht glaubte.

»Was meinst du? Warum ist Margarita krank geworden?«, fragte ich Joanna, als sie mir zu Hause dabei zuschaute, wie ich Schüsseln töpferte. Ich hatte Cami gerade mit viel Chapo und einem bisschen Zucker von den alten Damen gefüttert und sie lag in der Hängematte und schlief.

»Warum? Ich weiß nicht. Ich weiß, dass Papaisi glaubt, es wäre ein Baumgeist gewesen. Aber warum sollte ein Baumgeist Margarita schaden wollen? Das verstehe ich nicht.«

»Glaubst du, du warst schuld?« Ich tat gern so, als wäre ich Joanna – und stellte ihr genauso viele Fragen wie sie mir. Sie sah überrascht aus. »Ja, ich glaube schon. Ich glaube schon. Ich hätte mir jedenfalls Vorwürfe gemacht, wenn sie gestorben wäre.«

Ich nickte. Diese Frauen machten sich selbst und manchmal einander immer Vorwürfe, wenn etwas Schlimmes geschah. Sie sprachen nie von Göttern und Geistern. Wie kann denn ein Mensch schuld sein, wenn ein anderer stirbt? Ich meine einen ganz gewöhnlichen, normalen Menschen – keine Hexe. Joanna hatte Margarita nicht verflucht und hatte sie nicht von Shoni verfluchen lassen. Wie also konnte sie schuld sein?

»Du siehst das nicht so wie ich, nicht wahr?«, fragte sie mich.

»Nein. Es war wirklich ein Baumgeist. Glaubst du etwa, du hast so viel Macht, dass du anderen Menschen schaden kannst? Nein, das kann nicht sein. Nur, wenn du etwas isst, auf dem ein Tabu liegt, oder von einer Hexe einen Fluch aussprechen lässt. Die Menschen haben nicht aus Versehen, ganz zufällig, ohne einen bestimmten Grund eine solche Macht über andere, da müssten sie schon die Hexerei gelernt haben. Nein. Du kannst anderen nur dann schaden, wenn du es wirklich willst.«

Joanna nahm einen Klumpen Ton in die Hand und versuchte daraus eine Schlange zu rollen wie ich. Sie machte es nicht besonders gut. Immer wieder unterbrach sie die Arbeit und starrte auf den Fluss. Sie dachte über etwas nach.

»Weißt du«, sagte sie, »als meine Mutter starb, träumte ich schrecklich oft, ich hätte sie umgebracht. Im Traum hatte ich ein Gewehr und ich erschoss sie, einfach so, ohne Grund.«

Wir wussten alle, dass Joannas Mutter gestorben war, als Joanna noch ein Kind war. Joanna hatte es uns erzählt.

»Aber du hast sie nicht umgebracht«, sagte ich. »Du hast sie auch nicht krank gemacht. Das konntest du gar nicht. Du warst ein Kind.«

»Das wusste ich. In meinem Kopf wusste ich, dass ich sie nicht umgebracht habe, aber in meinem Herzen, tief drinnen, glaubte ich es. Ich glaubte, ich wäre schuld an ihrem Tod.« Joanna starrte auf den Fluss, dann auf den Wald hinter den Häusern.

Wir schwiegen.

»Wahrscheinlich ist es an der Zeit, dass ich das glaube, was mein Kopf weiß«, sagte sie. »Aber das ist schwer. Es ist schwer, das Herz zu überzeugen.« Sie sah mich an. »Von dir zu lernen, das zu lernen, was du weißt, das hilft.«

»Gut«, sagte ich. Ich wünschte, sie würde ebenso schnell dazulernen, wenn es um ihren Geiz ging.

Nur wenige Männer arbeiteten am nächsten Morgen an dem Haus der alten Damen. Die meisten waren auf der Jagd. Elena kam später zu mir und setzte sich. »Ich kann dir eine tolle Geschichte erzählen von meinen Schülerinnen, den alten Damen«, sagte sie und lachte.

»Gut«, sagte ich. »Ein Lachen wird meinem leeren Magen gut tun.« Im Dorf hatte es seit einigen Tagen kein Fleisch mehr gegeben.

»Hör dir das an. Ich dachte, sie würden unsere Sprache richtig gut gelernt haben, doch dann kamen heute Morgen jede Menge Kinder zu ihnen, um sich die vielen Bilder anzusehen, die sie haben, und Margarita wollte, dass sie verschwinden. Ich hatte ihnen ›Catanhue baquebo. Matonra ea hatsain‹ beigebracht. Margarita sagte es. Sie sagte es richtig: ›Geht weg, Kinder. Ihr stört mich.‹ Und natürlich blieben die Kinder sitzen und erzählten ihr, wie gut sie Isabo sprechen kann. Schließlich stand Joanna dann auf, nahm ihre Machete in die Hand und verkündete mit lauter Stimme: ›Era shevi acai!‹« Elena und ich lachten und lachten. Joanna hatte eigentlich sagen wollen, »Ich geh raus und mach das Gras« – das Gras am Haus mähen –, doch das Wort für Gras heißt Shovi, nicht Shevi. Shevi heißt Scheide.

»Die Kinder ärgern Joanna natürlich gnadenlos: ›Shevi shovi shevi shovi. Was ist was, Joanna?‹«, sagte Elena. Diese Geschichte würde bis zum Abend im ganzen Dorf bekannt sein. Elena schwieg und sah weg.

»Stimmt etwas nicht?«, fragte ich sie.

»Ich weiß nicht. Vielleicht bin ich nur hungrig. Die alten Damen haben noch Reis übrig, aber sie bieten uns nichts davon an. Und wir haben seit Tagen kein Fleisch mehr. Vielleicht ist es das. Es ärgert mich, dass sie essen, was sie wollen, während wir Hunger haben.«

»Ich weiß«, sagte ich. »Denkst du, sie würden ihre eigenen Familien hungern lassen? Vielleicht wurden sie aus ihrem Land vertrieben, weil sie geizig waren, und deshalb sind sie hergekommen.« Ich verriet Elena nicht, dass die alten Damen Cami etwas zu essen gegeben hatten. Das war ein Geheimnis. Ich hatte noch nie ein Geheimnis vor Elena gehabt.

Wir saßen eine Weile da und spielten mit Cami. Als Cami weinte, hob Elena sie hoch und schaukelte sie in den Armen. »Sie wird immer größer, obwohl sie immer noch ein so dünnes Ding ist«, sagte Elena. Elena legte Cami in die Hängematte und wir zeichneten Muster in den Sand, während wir redeten und die Hängematte schaukelten.

»Das sieht schön aus«, sagte Elena von einem Muster, das ich gerade zeichnete.

»Ich möchte Röcke bemalen. Ich habe mir ein schönes, großes Muster dafür ausgedacht«, sagte ich.

Elena wischte ihr Muster weg und begann mit einem neuen. »Mein Bruder geht jeden Tag mit Margarita zu den Gärten. Sie hat eine große Rolle aus Metall und misst mit ihm die Gärten aus. Ist doch egal, wie groß ein Garten ist, solange man noch Bananen ernten kann, oder?« Elena wischte ihr neues Muster weg und beruhigte sich ein wenig. »Eigentlich sollte ich mich nicht beklagen. Sie bezahlen mich dafür, dass ich ihnen Isabo beibringe, und sie bezahlen meinen Bruder dafür, dass er die Gärten ausmisst. Doch von ihrem Geld können wir uns kein Fleisch kaufen.«

10

An dem Nachmittag kehrte Nimeran mit einem großen Reh zurück. Wir waren überglücklich. Meine Mutter und ich eilten zu ihm nach Hause, um die Eingeweide für einen Eintopf abzuholen. Doch erst mussten alle warten, bis das Reh gewogen worden war mit der Waage, die Margarita den Jägern gegeben hatte. Margarita wollte wissen, wie viel jedes einzelne Stück Fleisch wog, das in das Dorf gelangte! Jeder Jäger hatte sein eigenes Notizbuch, in dem er aufschrieb, was für ein Tier er erlegt hatte und wie viel es wog. Und Nimeran wollte das erledigen, bevor er seiner Frau das Tier zum Schlachten gab.

»Wir sind alle hungrig«, sagte Micasio, Nimerans Frau. »Lass mich doch wenigstens mit dem Schlachten anfangen. Lass mich die Eingeweide weggeben, damit der Eintopf aufgesetzt werden kann. Wen interessiert es denn, wie viel die Eingeweide wiegen?«

Da Nimeran genauso hungrig war wie wir, ließ er Micasio das Reh erst schlachten. Meine Mutter nahm die Eingeweide mit nach Hause. Dann musste Nimeran den Rest vom Reh wiegen, bevor Micasio die anderen Stücke ihren Verwandten geben konnte, die alle auf ihren Anteil warteten.

Nimeran nahm eine Keule und brachte sie zu Margarita. Sie hatte ihm die Patronen für die Jagd gegeben, also schuldete er ihr ein Stück. Micasio beschwerte sich bei den

Frauen, die auf ihren Anteil warteten: »Warum gibt er den Alten immer das größte Stück? Sie sind nur zu zweit und wir sind hungriger. Sollen sie doch den Fisch essen, den sie in den Dosen haben. Sollen sie doch ihre Kekse essen. Sie sollten meinen Kindern nicht das Essen aus dem Mund stehlen.«

Die Münder ihrer Kinder wären ohne die Patronen, die Margarita Nimeran gegeben hatte, ganz leer geblieben. Und eine Keule war ein fairer Handel. Doch das sagte keiner.

Der Eingeweide-Eintopf von meiner Mutter war zuerst fertig.

Mein Bruder Marco stellte sich mitten auf den Weg zwischen unserer Küche und dem Haus und rief: »Pihue! Das Essen ist fertig. Kommt essen.« Die Caibo meiner Mutter, die in der Nähe lebten, kamen sofort und brachten ihre eigenen Teller mit. Alle Männer und Jungen hockten sich zusammen vor die Küche. Die Frauen, Mädchen und kleinen Kinder saßen direkt neben dem Feuer in der Küche. Der Eintopf meiner Mutter schmeckte gut. Sie hatte ihn mit großen Stücken Yucca gekocht und mit einem speziellen Gewürz gewürzt. Wir aßen und aßen. Als wir beinahe fertig waren, stand Nimeran auf dem Weg und sagte allen Bescheid, dass Micasios Eintopf auch fertig war. Wir nahmen unsere Teller mit und gingen hinüber zu Micasio. Es ist ganz wunderbar, wenn ein Jäger ein Reh mitbringt. Rehe sind groß und es gibt jede Menge zu essen. Nimeran brachte sogar eine große Schüssel von dem Eintopf zu den alten Damen, die von ihrem Haus aus alles beobachteten. Sie beobachteten alles und schrieben in ihre Notizbücher. Micasio murrte, dass er ihnen nicht noch mehr zu geben brauchte, doch Nimeran achtete nicht auf sie und setzte sich zu den Männern, um zu essen.

Selbst wenn wir kein Fleisch haben, verhungern wir nicht. Wir haben unsere Gärten, wir haben zu jeder Jahreszeit Obst und Nüsse. Doch wenn ein Jäger Fleisch mit nach Hause bringt, sind alle satt und glücklich, und das dauert ein paar Tage an, je nachdem, wie groß das Tier ist. Fleischhunger kann nur mit Fleisch gestillt werden. Auch wenn du viele Bananen und viel Yucca isst, kannst du Hunger auf Fleisch haben. Und wenn die Leute Hunger auf Fleisch haben, sind sie nicht glücklich. Wenn sie genügend Fleisch haben, sieht alles andere gleich besser aus – dein Mann sieht jünger aus, fast schön, deine Kinder lächeln und werden fett, die Bitten deiner Mutter sind nicht so schwer zu erfüllen, deine Verwandten sind großzügig, deine Geschwister sind überhaupt nicht faul, und die Alten scheinen dem Tod nicht so nahe zu sein.

Sogar die alten Damen wirkten anders – weicher, glücklicher, alberner. Sie aßen den Eintopf, den Chawa gekocht hatte aus der Rehkeule, die Nimeran ihnen gebracht hatte. Und sie lachten während des Essens, stellten keine Fragen und schrieben keine Antworten auf. Sie aßen einfach, wie wir alle. Als sie fertig waren, kamen sie zu Micasios Küche, in der wir den Rest von Micasios Eintopf aßen. Margarita hatte Nimeran einen großen Becher Kaffee mit ganz viel Zucker mitgebracht. Nimeran lächelte Margarita zu, als sie ihm den Kaffee reichte.

»Hainqui mia itai?« Bist du hier? Die bei uns übliche Begrüßung.

»Hain ea itai«, antwortete Margarita richtig. Ich bin hier.

»Elena macht ihre Sache gut«, sagte Nimeran. »Abgesehen von dem Tag mit dem Gras und der Scheide.« Er sprach so schnell, dass Margarita ihn nicht verstand, aber sie lächelte ihn dennoch an. Ich glaube, sie wusste, dass wir diese Joanna-Geschichte gerne erzählten.

»Casho hacon shama«, sagte Margarita. Das Reh war sehr gut.

»Hacon biris.« Sehr, sehr gut.

»Casho hacon«, stimmte Nimeran ihr zu.

Ich wartete bereits auf ihre Fragen: Wie weit musstest du gehen, bis du das Reh gefunden hast, wie viele Patronen hast du gebraucht, welche anderen Tiere hast du unterwegs gesehen, musstest du heute weiter vom Dorf weggehen als früher? Doch sie stellte nicht eine einzige Frage. Sie bot Nimeran eine Zigarette an, zündete erst ihre und dann seine an, setzte sich einfach hin, ohne etwas zu tun. Sie hatte also doch eine menschliche Seite. Normalerweise war sie so angespannt, so bemüht, alles aufzuschreiben, so verschlossen, so ernst.

»Fleisch ist gut«, sagte sie. »Fleisch macht die Leute glücklich.«

»Ja«, sagte Nimeran. »Fleisch ist sehr, sehr gut. Ohne Fleisch ist ein Mann nichts wert. Ohne Fleisch kann er höchstens einmal, vielleicht zweimal am Tag Sex haben. Und dann würde er wahrscheinlich aus den Latschen kippen. Ein wohlgenährter Mann aber, ein Mann, der genügend Fleisch gegessen hat, der ist drei-, vier-, sogar fünfmal am Tag gut.«

»Ja«, sagte Papaisi. »Er lügt nicht. Fleisch ist wichtig.«

Am Abend hörten Joanna und Margarita ihre Musik auf

ihrem Kassettenrekorder. Das taten sie so gut wie nie. Sie wollten ihre Batterien aufbewahren. An jenem Abend aber sangen sie die Lieder aus dem Kassettenrekorder mit. Die Musik war komisch. Sie klang nicht wie die Musik der Missionare, auch nicht wie die peruanische Musik. Für mich klang die Musik komisch, doch ihnen schien sie zu gefallen. Mein Bruder und ich saßen in ihrem Haus, als sie den Kassettenrekorder anstellten. Meine Mutter kümmerte sich um Cami.

»Was singen sie?«, fragte ich.

»Sie singen ›Die ersten Tage sind die schwierigsten, keine Sorge. Denn wenn das Leben leicht aussieht, droht die Gefahr‹«, sagte Joanna. Und sie lächelte, obwohl ihr eine Träne über das Gesicht lief.

Dass sie von etwas so Komischem singen, dachte ich. Erst singen sie ein Lied von Bananen, und wie sie sagten, ist das in ihrer Sprache nicht einmal ein Wort, und nun das. Wir singen davon, dass wir die Geister nicht kränken dürfen und dass wir immer großzügig zu unseren Caibo sein sollen und dass wir nicht faul sein dürfen und wie es in den ganz alten Zeiten war, noch bevor unsere Großeltern lebten, und von den Flüssen, den großen und den kleinen.

Joanna suchte etwas in einer der vielen Kisten, die sie aufbewahrten, und holte eine kleine Schachtel hervor. Sie öffnete die kleine Schachtel und zog einen langen weißen Faden heraus. »Weißt du, was sie jetzt mit der Angelschnur machen will?«, fragte Marco mich.

»Wir haben so viel Fleisch gegessen, wie kann sie überhaupt ans Angeln denken?«, antwortete ich ihm.

Der Faden sah stark aus, sehr stark. Man könnte gute

Armbänder damit machen – sie würden ewig halten. Joanna wickelte den Faden um ihre Finger und schob ihn sich zwischen die Zähne! Margarita nahm sich auch ein Stück und tat dasselbe. Die beiden zogen sich die kleinen Essensreste aus dem Mund, die an dem Faden kleben blieben.

»Was macht ihr?« Ich konnte es nicht fassen, dass sie diesen guten, starken Faden benutzten, um alte Essensreste aus ihren Zähnen zu ziehen.

»Unsere Zähne säubern. Das ist ein spezieller Faden, mit dem man zwischen die Zähne gelangt. Hier, versuch es mal«, sagte Joanna und gab mir ein langes Stück.

Ich zerrte an dem Faden. Er war wirklich stark. Marco versuchte auch, den Faden zu zerreißen.

»Coshi. Coshi biris«, sagte ich. Er ist stark. Ich hatte Recht. Der perfekte Faden für Armbänder und Ketten. Und Marco wollte ihn als Angelschnur benutzen. Eine so starke Angelschnur hatte er noch nie besessen.

»Gib mir ein Stück, Joanna, als Angelschnur«, bat Marco.

»Gib mir ein Stück, dann werde ich dir Armbänder machen, die nie zerreißen«, sagte ich. »Deine Kinder werden die Armbänder noch tragen können. Sogar deine Enkel.« Jetzt versuchten wir alle, den Faden zu zerreißen, und schafften es nicht. Dieser Faden war anders als alle Fäden, die ich bis dahin gesehen hatte. Er zerriss nicht.

»Hier«, sagte Joanna und gab uns eine ganze Schachtel.

»Erzählt es nur nicht allen anderen. Dann wird das ganze Dorf herkommen, um ein Stück Zahnseide zu bekommen.«

Am nächsten Morgen war das ganze Dorf da, um ein Stück Faden zu bekommen – Seide nannten sie ihn. Und diesmal verschenkten sie jede Menge. Doch dann wurden sie sauer, weil viele immer mehr wollten. Ich fragte mich, wie die anderen Schätze aussahen, die sie in ihren Kisten versteckt hielten, Schätze, mit denen sie merkwürdige Dinge taten, Schätze, die für uns nützlich gewesen wären.

11

Nonti sollte die alten Damen bald abholen und nach Pucallpa bringen für einige Zeit, für ein paar Wochen, wie sie sagten. Sie waren seit dem Beginn der Trockenzeit bei uns. Nun würde es bald anfangen zu regnen. Ihr Haus war immer noch nicht fertig.

»Vielleicht kommen sie nicht zurück«, sagte meine Mutter. »Wie viele Fragen wollen sie uns noch stellen? Sie können nach Hause in ihr eigenes Land gehen und unter ihren eigenen Caibo geizig sein.«

Die alten Damen freuten sich auf ihre Reise. Sie fingen bereits einige Tage, bevor Nonti sie abholen sollte, an, ihre Sachen zu packen.

»Was werdet ihr in Pucallpa tun?«, fragte ich Joanna.

»Zuerst werden wir duschen«, sagte Joanna. »Nicht warm, weil es in dem Hotel kein warmes Wasser gibt. Aber richtig duschen. Und dann werden wir uns fein anziehen, zum Essen in ein Restaurant gehen und ein *kaltes* Bier bestellen.«

»Vielleicht auch einen Scotch«, trällerte Margarita und lachte, ja kicherte beinahe. »Einen Scotch on the Rocks«, fügte sie hinzu.

»Das heißt Scotch mit Eis«, erklärte Joanna mir.

»Was immer Eis sein mag«, sagte ich. Joanna hörte mir nicht zu. Sie redete einfach weiter.

»Und dann werden wir tanzen gehen, und wenn wir spät abends nach Hause kommen, können wir das Licht in unserem Zimmer andrehen und lesen oder schreiben oder sonst was tun. Wir werden in Betten mit Matratzen schlafen, und wenn wir morgens aufstehen, werden wir wieder duschen. Und in einem Restaurant frühstücken. Wir werden unsere Freunde in Pucallpa besuchen und unsere Post abholen und die Briefe einstecken, die wir unseren Freunden und Verwandten in New York geschrieben haben. Und Zeitungen und Zeitschriften kaufen und Berichte über die Dinge lesen, die in der Welt geschehen sind, seit wir hier sind.«

Ich hatte sie noch nie so fröhlich gesehen. Vieles von dem, was sie erzählte, verstand ich nicht, doch sie schien sich sehr darauf zu freuen. Ich war dreimal in Pucallpa gewesen, aber ich bin eine Isabo in Pucallpa. Wir wohnten in unserem Boot im Hafen. Ein Gringo in Pucallpa zu sein, das war sicherlich etwas ganz anderes. Vielleicht würde ich eines Tages mit ihnen dorthin fahren, in einem Bett schlafen, duschen, kaltes Bier trinken, ihre Freunde kennen lernen, in einem Restaurant essen. Ich konnte mir das alles kaum vorstellen. Wie benahmen sie sich dort? Stellten sie ihren eigenen Leuten so viele Fragen wie uns? Tanzten und lachten sie dort und waren ihre Lippen nicht ganz so verkniffen?

»Und dann werden wir neue Vorräte einkaufen und zurückkehren«, sagte Joanna gerade.

Sie und Margarita wollten baden gehen. Sie nahmen Seife und Shampoo mit und machten sich auf den Weg zum Fluss.

»Möchtest du mitkommen und unser Shampoo benutzen?«, fragte Joanna.

»Ja, ich versuch es noch einmal«, sagte ich. Ich hatte es einmal benutzt und nicht besonders gemocht. Der Duft war mir zu süß und die Stechmücken liebten ihn.

»Hier«, flüsterte Joanna. Sie legte eine große Plastiktüte voll Zucker in mein Tuch. »Für Cami«, sagte sie zu mir. »Bis wir wiederkommen.«

»Hacon«, sagte ich. Gut. Sie hatte gegeben, ohne darum gebeten worden zu sein!

Es machte Spaß, einander die Haare und die Rücken zu waschen. Kinder gesellten sich zu uns und die alten Damen gaben allen, die darum baten, von ihrem Shampoo ab. Viele weiße Köpfe hüpften auf und ab in dem braunen Flusswasser.

»Rollin' on the River«, sang Joanna. Wir sangen alle mit, auch wenn wir nicht verstanden, was wir sangen. »Big wheel keep on turnin', Proud Mary keep on burnin'…«

Wir kletterten sauber und singend das Flussufer wieder hinauf. Meine Mutter nährte meine Cami, während sie im Feuer stocherte. Sie sah auf, als ich näher kam.

»Nawa-Lieder«, hörte ich sie murren. »Hör dir deine Mutter an, meine Kleine. Sie lernt Nawa-Lieder, um sie dir vorzusingen. Nawa-Lieder. Musik ohne Bedeutung.«

Chawa fing gerade an das Abendessen für die alten Damen zu kochen, und ich ging zu ihr in die Küche, um mich mit ihr zu unterhalten.

»Sie sind so gut gelaunt«, sagte ich und sah zu Chawas Haus hinüber. Die alten Damen sangen immer noch, während sie sich ihr nasses Haar bürsteten.

»Ich weiß«, sagte Cuncha, die bei uns saß. »Sie singen und packen und lachen und packen nur noch. Ich frage mich, ob sie überhaupt zurückkommen werden.«

»Ich glaube, sie fangen an sich bei uns wohl zu fühlen«, sagte ich. Joanna hatte das gesagt. Sie sagte, sie lerne so viel.

»Vielleicht haben sie bereits alles, was sie brauchen«, seufzte Chawa. Sie hoffte, dass die alten Damen zurückkommen würden. Als ihre Köchin verdiente sie nämlich Geld. Sie hoffte auch, dass das Haus nicht fertig wurde. Wenn es erst gebaut war, würde Cuncha das Geld verdienen.

»Manche sagen, dass sie mit dem, was sie haben, zu geizig sind«, sagte Cuncha, »dass sie eine zu große Belastung für das Dorf sind.«

»Sie sind geizig«, sagte Chawa. »Sie wohnen in meinem Haus und geben mir nichts. Habt ihr gesehen, wie dünn meine Tochter ist? Und wie fett diese Joanna ist. Jetzt seht sie euch an. Jetzt sind sie wieder verrückt geworden.«

Ich sah hinüber zu dem Bereich von Chawas Haus, wo die alten Damen wohnten. Margarita und Joanna durchsuchten alles und rissen bei ihrer Suche die ordentlich gepackten Pakete alle wieder auf. Und sie lachten nicht mehr.

»Meine Uhr ist verschwunden!«, rief Margarita uns zu.

Joanna klopfte ihr auf die Schulter und redete laut und ruhig in ihrer Sprache. Margarita aber war wütender, als ich sie je gesehen hatte.

»Hat jemand sie geklaut?«, fragte ich Cuncha.

»Wahrscheinlich«, sagte Cuncha. »Jemand, der nicht will, dass sie je wiederkommen.«

»Vielleicht hat Margarita sie nur verlegt.«

»Das glaube ich nicht«, sagte Cuncha. »Die Leute sind sauer, weil sie wegfahren und keiner weiß, ob sie zurückkommen. Manchen haben sie versprochen, ihnen etwas mitzubringen, und anderen nicht. Chawa haben sie einen großen Kochtopf versprochen, Nachi aber haben sie nichts versprochen. Sie haben Juanita Stoff versprochen, Paulita aber nichts. Wahrscheinlich wollte derjenige, der die Uhr geklaut hat, nur sicherstellen, dass er überhaupt etwas von ihnen bekommt.«

Margarita war wütend. Sie marschierte hinüber zum Haus des Lehrers und erzählte ihm, dass ihre Uhr gestohlen worden war. Angel wusste es natürlich schon. Alle wussten es inzwischen.

»Es war Paviki, weißt du«, flüsterte Cuncha mir zu. »Paviki, der kleine Dieb. Er klaut alles. Er ist eine Ratte. Wenn er groß ist, wird er genau so eine Ratte sein wie seine Mutter.«

Paviki war Chawas Sohn. Er war erwischt worden, als er in der Schule den Kindern die Bleistifte geklaut hatte.

»Sicherlich hast du sie nur verlegt«, sagte Angel. »Ich helfe dir, sie zu suchen.«

»Ich habe sie nicht verlegt«, schrie Margarita. »Sieh selbst! Sie ist verschwunden!«

Angel ging hinüber, um selbst nachzusehen. »Wo hast du die Uhr zuletzt gesehen?«, fragte er Margarita.

»Genau hier, auf dem Boden. Ich lege sie immer hierher, wenn ich baden gehe. Siehst du? Sie ist nicht mehr da.«

»Und du hast sie abgenommen und genau hierhin gelegt?«

»Ja«, sagte Margarita. Sie war immer noch wütend, bemühte sich aber, nicht zu schreien. »Genau an diese Stelle, wo ich sie immer hinlege.«

»Und ihr seid baden gegangen, du und Joanna?«

»Ja. Joanna und Alicia und viele Kinder. Und wir haben

Seife und Shampoo mitgenommen, aber das ist doch jetzt egal. Tatsache ist, meine Uhr ist verschwunden. Tatsache ist, meine Uhr wurde gestohlen!«

»Und als ihr vom Baden zurückkamt, seid ihr direkt hierher gegangen oder habt ihr erst jemanden besucht?«

»Das spielt doch keine Rolle. Ich weiß es nicht, ich glaube, wir sind nach Hause gegangen. UND DIE UHR WAR NICHT HIER!«

In dem Moment stieß Papaisi zu ihnen. »Wo hast du die Uhr zuletzt gesehen?«, fragte er Margarita.

Margarita starrte Papaisi an, sagte, er solle Angel fragen, was er wissen wolle, und marschierte ab in den Dschungel.

»Sie ist verstört«, sagte Joanna und drehte ihren Fischring.

Am Fluss legte ein Regatón mit jeder Menge Schnaps und wenig anderen Sachen an, doch keiner hatte Geld. Nur die alten Damen.

»Frag doch die alten Damen, ob sie dir Geld geben«, rief meine Mutter zu Angel hinüber. »Sie sind so freigebig. Sie bewahren immer noch die Flasche vom Willkommensfest auf. Sie werden dir die Flasche schenken und sie geben dir bestimmt auch Geld, um mehr Schnaps zu kaufen. Sie zeigen so gerne, dass sie nicht geizig sind. Erinnerst du dich an den Tag der Perlen? Und wie großzügig sie ihren Faden, ihre Seide austeilten! Geh hin und frag sie doch, wenn du nicht um dein Leben fürchtest!«

Meine Mutter lachte und lachte.

Am Nachmittag blies Angel das Horn und alle versammelten sich vor Chawas Haus, vor dem Bereich der alten Damen. Angel eröffnete die Sesión, indem er Margarita nach der Rechnung für die Uhr fragte. Angel war oft in Pucallpa gewesen und wusste übers Einkaufen Bescheid. Margarita verstand nicht, was er wollte, und Angel musste seine Frage mehrmals wiederholen. Schließlich sagte sie: »Ich habe keine Rechnung. Ich habe die Uhr vor Jahren gekauft.«

»Warum ist sie so aufgebracht, wenn es eine alte Uhr war?«

»Kauf dir doch einfach eine neue.«

»Jemand aus Weesoshando hat sie geklaut. Wir tun hier so etwas nicht.«

»Ich war's. Ich habe die Uhr geklaut«, sagte Nimeran. »Letzte Nacht, als ich zu den beiden alten Damen schlich, um Sex mit ihnen zu haben. Danach habe ich die Uhr gestohlen.« Er brachte immer alle zum Lachen.

»Die Uhr wird wieder auftauchen, davon sind wir überzeugt«, sagte Angel und die Versammlung war beendet.

Die Uhr tauchte an jenem Abend tatsächlich wieder auf, an genau derselben Stelle, von der sie verschwunden war. Alle gingen hin, um sich die Uhr anzusehen.

»Jetzt sollten sie ein Fest machen«, sagte meine Mutter. »Jetzt, da sie ihre wertvolle Uhr wiederhaben. Nur zu, frag sie. Sie haben ihre Uhr zurückbekommen und werden *immer noch* geizig sein. Du wirst sehen.«

»Jetzt ist eine gute Zeit für ein Fest. Um die wieder gefundene Uhr zu feiern«, sagte Angel zu den alten Damen. »Jetzt, wo das Dorf wieder glücklich ist.«

»Ein Fest?« Margarita war noch sauer. Sogar Joanna ärgerte sich über den Vorschlag, ein Fest zu machen. Die beiden krochen unter ihr Moskitonetz, schlugen ihre Bücher auf und kamen nicht wieder heraus.

»Du hast Recht, alte Frau«, sagte Angel zu meiner Mutter. »Das Dorf hat die Uhr wieder gefunden und diese Frauen wollen uns nicht einmal ein Fest geben, um sich zu bedanken. Sie werden immer gemeiner und geiziger.«

Das war die Wahrheit. Obwohl wir ihnen ständig alles erklärten, wussten sie einfach nicht, was sich gehörte. Sie waren wie Babys, die alles für sich behalten und sich um niemanden sonst kümmern. Sie glaubten an andere Dinge und deswegen verhielten sie sich merkwürdig. Immerhin glaubte Joanna sogar, ihre Mutter umgebracht zu haben!

An jenem Abend blies Angel das Horn und rief uns zu einer weiteren Versammlung. Alle hatten angefangen sich über die alten Damen zu beschweren. Ich rief ihnen vom Weg aus zu, dass sie kommen sollten.

»Wir müssen noch packen«, rief Margarita zurück.

»Wahrscheinlich bleiben sie zu Hause, damit sie unsere Sachen klauen können, während wir bei der Versammlung sind«, sagte meine Mutter, als sie mit meiner schlafenden Cami im Arm an ihrem Haus vorbeiging.

Die beiden standen also nicht vor Angels Haus, um sich die vielen Beschwerden anzuhören.

»Warum sollten sie hier bleiben?«, fragte Angel. »Was haben sie für uns getan? Sie sind selbstsüchtig und geizig. Wenn wir Hunger haben, geben sie uns nichts zu essen, sie essen aber selbst. Wir sollten ihnen sagen, dass sie nicht zurückkehren dürfen.«

»Nein. Als sie herkamen und fragten, haben wir ihnen gesagt, dass sie hier leben dürfen«, sagte Papaisi.

»Wir haben ihnen auch gesagt, dass wir ein Haus für sie bauen werden«, sagte Nimeran. Alle lachten.

»Das ist etwas anderes«, sagte Papaisi. »Und wir haben angefangen das Haus zu bauen«, fügte er hinzu. »Ein paar von uns jedenfalls.«

»Und ein paar von uns waren auf der Jagd nach Fleisch für unsere Familien«, sagte Eosario. »Warum soll ich mich darum kümmern, dass die alten Damen ein Haus haben? Meine Frauen und Kinder brauchen etwas zu essen, darum kümmere ich mich. Nicht darum, ob irgendwelche alten, weißen Damen ihre Uhren zurückbekommen oder ein eigenes Haus haben.«

Viele stimmten Eosario zu. Für uns gab es keinen Grund, die alten Damen auszuhalten. Sie waren kein Teil unseres Lebens, sie waren nicht unsere Caibo. Sie bedeuteten uns nichts. Und zudem waren sie geizig. Sie hatten viele, viele Sachen mitgebracht und nichts davon geteilt. Das war alles wahr. Für das Dorf gab es keinen Grund, sie zu behalten.

Ich aber wollte, dass sie blieben. Ich wusste nicht, warum. Vielleicht hatte ich mich einfach an sie gewöhnt – hatte mich daran gewöhnt, sie morgens glücklich und nass vom Baden zurückkommen zu sehen, ihnen ihre Fragen zu beantworten, ihre Musik und die Geschichten aus ihrem Land zu hören, nachmittags ihr Shampoo mit ihnen zu teilen, ihnen Fragen zu stellen. Ja. Ich hatte mich an sie gewöhnt und sie würden mir fehlen, wenn sie nicht mehr hier wären. Sie waren anders geworden, anders als die Fremden, die sie anfangs waren. Sie waren inzwischen richtige Menschen, keine Caibo, aber auch keine Nawa mehr. Wie Cami. Anfangs war sie ein Nawa-Baby und ich wollte ihr das Leben retten. Jetzt war sie ein Teil von mir.

»Und was passiert, wenn sie all ihre Sachen hier lassen

und so lange weg sind?«, fragte Angel. Die alten Damen hatten ihn gebeten, ihre Sachen aufzubewahren, und das bekümmerte ihn. »Ich möchte ihre Reichtümer nicht in meinem Haus aufbewahren. Es wird etwas fehlen, wenn sie zurückkehren, und ich möchte daran nicht schuld sein.«

Wir wussten nicht, was wir tun sollten. Wir hatten noch nie Fremde bei uns aufgenommen und deshalb hatten wir auch nie jemanden bitten müssen zu gehen. Auch von uns hatte sich noch nie jemand so unmöglich benommen, dass wir ihn hatten bitten müssen zu gehen. Das war in unserem Dorf noch nie geschehen, nicht einmal zu der Zeit meiner Großväter Väter.

»Und zu alldem sind sie undankbar. Notzi biris.« Angel hatte es ausgesprochen, doch alle waren seiner Meinung.

Am nächsten Morgen ging Angel zu den alten Damen und brachte ihnen die Töpfe zurück, die sie schon in seinem Haus untergestellt hatten.

»Was ist los?«, fragte Margarita ihn. »Wir wollten dir gerade noch mehr Sachen zum Aufbewahren bringen.«

»Das Dorf hat entschieden, dass es besser wäre, wenn ihr nicht zurückkehrt«, sagte er. »Wir schämen uns sehr wegen der Uhr. Wenn es nun Geld gewesen wäre? Wenn die Uhr nun nicht wieder aufgetaucht wäre? Wir schämen uns zu sehr.«

»Was?« Margarita schien ihn nicht zu verstehen. Angel sprach Spanisch, sodass sie ihn verstehen musste.

»Das Dorf hat beschlossen, dass es besser wäre, wenn ihr nicht zurückkehrt«, sagte Angel noch einmal. »Wir schämen uns sehr wegen der Uhr. Wenn es nun Geld gewesen wäre? Wenn die Uhr nun nicht wieder aufgetaucht wäre? Wir schämen uns sehr.«

»Was?« Margarita hatte ihn immer noch nicht verstanden.

Angel wollte seine Rede noch einmal wiederholen, als Margarita ihn unterbrach.

»Wir sollen nicht hierher zurückkehren?«, fragte sie.

»Ja. Wir schämen uns zu sehr«, sagte Angel und ging.

Die alten Damen saßen in ihrem Haus und redeten und redeten und weinten. Ich beobachtete sie aus der Küche meiner Mutter. Margarita weinte und weinte. Joanna redete ununterbrochen und streichelte Margaritas Schulter und drehte ihren Ring. Sie sah so ängstlich aus wie in der Nacht, als Margarita krank war. Doch diesmal wusste ich nicht, was ich tun sollte. Ich hätte Joanna gern so gestreichelt, wie sie Margarita streichelte, hätte ihr gern gesagt, dass alles wieder gut werden würde, dass das Dorf nicht für immer verärgert bleiben würde. Ärger geht vorbei. Ihr Geiz hatte das Dorf verärgert. Doch das Dorf würde zuhören, wenn die alten Damen bleiben wollten.

Die beiden kamen zu mir herüber. Margarita weinte immer noch.

»Wir werden in jedes Haus gehen und mit allen reden«, erzählte Joanna mir. Sie wird reden müssen, dachte ich. Margarita konnte nur weinen und weinen. Kein Wort kam aus ihrem Mund heraus.

»Das ist gut. Sagt allen, dass ihr bleiben wollt«, sagte ich. »Sagt ihnen, dass ihr gerne hier lebt. Sagt ihnen, dass ihr zurückkehren wollt. Sagt ihnen, dass ihr ab sofort nicht mehr so geizig sein werdet.«

Joanna starrte mich an. »Yohuashi«, sagte sie. Geiz.

»Ja«, sagte ich. »Jedes Baby weiß, dass Geiz nicht gut ist.«

Joanna nickte. Endlich kapierte sie es.

»Wenn sie nicht aufhört zu weinen, wird diese blöde alte Frau das Dorf überschwemmen«, sagte meine Mutter.

Ich folgte ihnen in jedes Haus. »Wir waren gestern Abend nicht bei der Versammlung«, sagte Teresa im Haus nebenan. »Wir möchten, dass ihr bleibt.«

Im Dorf war anscheinend keiner bei der Versammlung gewesen. Alle wollten, dass die beiden zurückkehrten.

»Und ihr bringt mir grünes und blaues Garn mit, damit ich einen schönen Rock besticken kann?«

»Natürlich«, sagten sie. »Wir werden Garn mitbringen.«

»Und ihr bringt solche roten Taschentücher mit, wie ihr sie habt und wie die Männer zu den Zeiten meines Großvaters sie auf den Gummiplantagen benutzten?«

»Ja, wir werden solche Taschentücher suchen.«

Angel blies das Horn noch einmal. Diesmal gingen die alten Damen zur Sesión.

»Diese Frauen sollten in unser Dorf zurückkehren«, sagte Papaisi. »Sie sind geizig und sie sind faul, doch sie sollten zurückkehren. Sie freuen sich, dass ihre Uhr wieder aufgetaucht ist. Sie geben uns Medikamente, wenn wir krank sind. Und sie jammern und betteln nie um Fleisch.«

Dem stimmten alle zu. Sie bettelten nicht um Fleisch.

Dann sprach Margarita auf Spanisch. »Wir haben dieses Dorf, dieses Poincushmana vor allen anderen Dörfern gewählt, die wir am ganzen Paro-Fluss besucht haben. Wir haben jedes Dorf an diesem Fluss gesehen und wir wollten hier leben, hier, weil wir die Menschen netter fanden als in jedem anderen Dorf. Stehlen ist nicht so wichtig. Ich war verärgert wegen meiner Uhr, jetzt aber bin ich nicht mehr verärgert. Nicht wegen meiner Uhr. Und nicht wegen der Perlen. Aber es macht mich traurig, dass ich nicht wieder in dieses Dorf zurückkehren darf. Erlaubt uns bitte zurückzukehren. Wir möchten es sehr, sehr gern.«

Ich beobachtete Joanna, während Margarita redete. Sie nickte und nickte zu jedem Wort und drehte und drehte ihren Ring. Und während sie nickte, sah sie von einem zur anderen und lächelte allen zu. Sie sah mich an und nickte und nickte. Margaritas Stimme wurde immer lauter und Joannas Nicken wurde immer heftiger. Gut. Ich wünschte mir, dass alle ihnen zuhörten und verstanden, dass sie wirklich zu uns zurückkehren wollten, länger bei uns bleiben wollten. Und dass sie endlich angefangen hatten zu lernen, wie man als richtiger Mensch lebt, wie wir leben, nicht wie geizige alte Nawa.

»Wir werden nicht mehr geizig sein«, sagte Joanna. »Wir haben etwas von euch gelernt.«

Angel übersetzte Margaritas Rede und das, was Joanna gesagt hatte, und alle nickten. »Ja, natürlich können sie zurückkommen.«

»Ich möchte ihre Sachen aber nicht in meinem Haus aufbewahren«, sagte Angel.

»Die Sachen der alten Damen sollten in meinem Haus stehen. Das ist der richtige Ort für sie.« Alle nickten, als Papaisi das sagte. Ja, das war richtig. Ihre Sachen sollten in Papaisis Haus stehen.

»Gut, das ist gut«, sagte Papaisi. »Ihr bringt mir schöne, feste Gummistiefel mit, wenn ihr wiederkommt?«

»Ja, natürlich«, sagte Margarita. »Danke. Und jetzt werden wir ein Fest machen.«

»Höchste Zeit«, sagte meine Mutter.

Margarita und Joanna gingen hinunter zum Boot des Händlers und kauften drei neue Flaschen Zuckerrohrschnaps. Warum taten sie das nur? Sie hatten noch die Flasche vom Willkommensfest. Sie wussten nicht, dass es Flusswasser war. Sie gaben Angel eine neue Flasche, Papaisi die andere und die dritte dem alten Bahuin. Und das Dorf war glücklich.

Als die drei Flaschen leer waren, wollten die alten Männer die alte Flasche haben.

»Nein«, sagte Margarita ruhig. »Die ist für das neue Haus. Die ist für das Fest für das neue Haus.«

Gut, dachte ich. Es würde die alten Damen nur ärgern, wenn sie herausfanden, was mit der Flasche geschehen war. Jetzt waren alle glücklich. So sollte es bleiben.

Nonti kam am nächsten Tag an. Wir gingen alle hinunter zum Fluss, um den alten Damen zum Abschied nachzuwinken.

»Nora mocai«, sagten die alten Damen. Wir gehen.

»Catanhue«, sagte das Dorf. Geht und kommt wieder.

Nonti startete den Motor und sie fuhren los, chiponqui.

»Gott sie Dank«, sagte meine Mutter. »Ich hoffe, dass sie nicht wiederkommen. Sie machen nur Ärger.«

»Oh, Mama. Sie machen nicht so viel Ärger. Sie sind nur anders, ganz anders.«

»Ja, sie sind anders«, sagte sie. »Anders als richtige Menschen. Sie sind Nawa, Alicia. Nawa sind anders. Die mögen nur ihre eigenen Leute. Die werden uns niemals mögen. Darum sage ich, dass sie Ärger machen. Weil man nie weiß, was sie denken oder tun werden. Sie lieben uns nicht und sie schätzen uns nicht. Alle Nawa sind gleich. Sie sind keine richtigen Menschen. Nun geh und hol Wasser.«

Das Leben war für meine Mutter so einfach. Sie wusste alles, was man wissen musste. Unsere Caibo sind gut, alle anderen sind schlecht. Und mehr gab es in ihrer Welt nicht.

12

Marco hörte das Boot zuerst. Marco mit seinen Jaguar-Ohren. Das Boot fuhr etwa einmal im Jahr flussaufwärts und sein Geräusch war unverkennbar. Es war das größte Boot, das auf unserem Fluss fuhr. Es hatte einen richtigen Motor, kein Pequi-Pequi, sondern einen großen »Evinrude«. Bald würde es hier ankommen. Es war das einzige Boot, das schnell fuhr. Es war das einzige Boot, das wir nicht gern sahen. Denn es war das Boot, das von der Regierung geschickt wurde, um junge Männer in die Armee zu holen.

Die Armee brachte die Männer in ein Campamento in der Nähe von Tarapato und ließ sie auf den Feldern arbeiten, die der Armee gehörten. Die Männer bekamen nur Bananen zu essen, sonst nichts. Und wenn die von der Regierung dazu kamen, sich die Männer anzusehen, fanden sie die Isabo-Männer immer zu klein oder sie konnten nicht gut genug sehen oder etwas anderes stimmte bei ihnen nicht. Das war gut. So konnten die Männer zumindest zu uns zurückkehren. Das Üble aber war, dass die Armee den Männern keinen Brief mitgab, in dem stand: »Dieser Mann ist aus der Armee entlassen worden. Er ist nicht groß genug oder kann nicht gut genug hören oder was auch immer der Grund sein mag.« Nein, sie brachten die Männer einfach wieder flussaufwärts und ließen sie in ihren Dörfern zurück. Und im nächsten Jahr kamen sie wieder und nahmen genau dieselben Männer noch einmal mit. Dann arbeiteten sie wieder auf den Feldern und aßen nur Bananen. Und warteten darauf, nach Hause geschickt zu werden. Warum sah sich die Armee die Männer nicht an, bevor sie sie mitnahm? Blöde Armee.

Doch wenn das Boot anlegte, waren meistens im ganzen Dorf keine jungen Männer zu finden. Wir wissen, wie man mit der Regierung umgeht. Die jungen Männer verschwinden in den Wald, wenn sie hören, dass das Boot sich nähert. Und wir verstecken die Kleidung unserer Brüder. Dann setzen wir uns hin und lächeln die hässlichen peruanischen Männer an, die in unser Dorf kommen und unsere Brüder suchen.

Mein Mutter-Bruder lebte ein bisschen weiter flussaufwärts als wir, am anderen Ende des Dorfes. Als meine Mutter das Boot hörte, war sie die Erste, die zu ihrem Bruder ging. Die Frau von ihrem Bruder musste sich um ihren eigenen Bruder kümmern. So ist es bei uns. Wir Mädchen kümmern uns um unsere Brüder. Um unsere Ehemänner kümmern sich deren Schwestern. Meine Brüder waren noch so klein, dass ich mir keine Sorgen um sie zu machen brauchte.

Ich blieb mit Cami in unserem Haus und beobachtete, wie aus den Häusern in der Nähe die Männer alle in den Wald verschwanden. Cami saß in einer kleinen, mit alten Kleidern gepolsterten Holzkiste, damit sie sich anlehnen konnte. Sie war jetzt im Sitz-Alter. Elena rannte hinter ihrem Bruder her und gab ihm etwas Fariña mit, falls das Boot der Armee länger blieb. Canseen lief und holte das Gewehr ihres Bruders, falls er Wild sah, während er sich versteckt hielt.

Als das Boot anlegte, waren keine junge Männer mehr im Dorf. Nur einer war zurückgeblieben, Tomas, und der war betrunken. Wahrscheinlich hatte er eine Flasche Schnaps versteckt, die er von seinem Patrón bekommen hatte, und dann die ganze Flasche allein ausgetrunken. Tomas ist Papaisis einziger Sohn und das Baby in der Familie. Und er ist ein solches Baby! Er hilft niemandem bei der Arbeit und seine sieben älteren Schwestern kümmern sich um ihn. An diesem Tag lief Tomas durch das Dorf und schimpfte über etwas, was jemand ihm angetan hatte. Meistens fiel er hin, wenn er seine Arme hob, um auf etwas zu zeigen, das nur er allein sah, etwas, das ihm nicht gefiel.

Während das Boot anlegte, schrien die beiden jüngsten Schwestern Tomas an.

»Sieh zu, dass du in den Wald kommst, du großes Baby. Willst du von der Regierung mitgenommen werden?«

»Ich kann nicht mitgenommen werden«, rief Tomas einem Ding oben in einem Baum zu. »Ich kann nicht mitgenommen werden!«

Die beiden ältesten Schwestern hatten bereits Tomas' Kleidung versteckt.

»Ich bin ein Mann, niemand und nichts kann mich mitnehmen. Ich bin stark, ich bin ich selbst. Ich gehöre mir selbst!« Nach dieser lauten Ansprache fiel Tomas auf den Boden und blieb dort liegen.

»Schafft ihn weg hier, sofort«, schrie Papaisi seine Töchter an. Die beiden jüngeren Schwestern zogen Tomas hoch, legten seine Arme um ihre Schultern und schleppten ihn in den Wald.

»Ich gehöre mir selbst!«, brüllte Tomas. Später erzählte

Teolinda mir, dass sie und ihre Schwester ihm ein Babytuch in den Mund gesteckt hätten, damit er nicht mehr so schrie, und dass sie ihn dann im Wald an einen großen Baum gebunden hätten. Teolinda und ihre Schwester waren tief in den Wald hineingegangen, um Caimito zu sammeln, bis das Boot wieder weggefahren war.

Die Regierungsmänner kletterten das Ufer herauf: ein großer, starker Mann mit vielen Haaren und einer, der so klein wie ein Junge war und keine Haare auf dem Kopf hatte. Sie hatten einen weiteren Mann mit einem Gewehr im Boot zurückgelassen, der auf drei Isabo-Männer aufpasste.

Meine Mutter und ich saßen an unserem Feuer und wärmten Bananen auf. Der Bruder meiner Mutter war weit weg, tief im Wald mit den anderen jungen Männern. Cami schlief in ihrer Hängematte. Sie schlief wie ein richtiges Isabo-Mädchen, mit ihrem Wintoti auf der Stirn. Sie lächelte im Schlaf, ein winziges Babylächeln.

»Hohue«, begrüßte meine Mutter die Männer.

»Hoho«, antwortete der Große.

»Minqui nocon hande acai?«, fragte meine Mutter. Sprichst du wirklich unsere Sprache?

»Hoho«, sagte der Große noch einmal.

»Gut«, sagte meine Mutter. »Sie können nur Hallo sagen.« Sie nahm ihre Chapo-Schüssel und reichte sie dem Großen. »Bishonhue.« Nimm dir.

Der Mann sah sich die Chapo-Schüssel an und gab sie meiner Mutter zurück.

»Wer hat den erzogen?«, sagte meine Mutter zu mir. »Er nimmt das Getränk nicht an, das ich ihm gebe. Er ist schlimmer als die alten Damen. Aber gefährlicher.« Und sie lächelte den Männern zu.

Ich hielt den Blick gesenkt und drehte die Bananen um. Meiner Mutter machte es Spaß, die Männer zu verspotten, während sie so tat, als wäre sie freundlich zu ihnen. Ich konnte dieses Spiel nicht gut spielen. Ich hasste dieser Männer. Sie benahmen sich, als wären sie Tiere, keine Menschen, als gehörten wir ihnen. Wenn ich meinen Kopf heben würde und sie mein Gesicht sehen könnten, würde es mir nicht gelingen, meinen Hass zu verstecken. Ich hielt meinen Blick gesenkt.

»Wo sind die Männer?«, fragte der Kleine auf Spanisch.

»Wir haben sie alle aufgegessen, keiner mehr übrig«, antwortete meine Mutter auf Isabo und gab vor, kein Spanisch zu sprechen. »Wir essen nur die Jungen. Sehr lecker und saftig. Wenn sie alt sind, wollen wir sie nicht mehr. Zu zäh. Wie Krokodilleder.« Das sagte sie ihnen ins Gesicht.

»Hombres, hombres«, sagte der Große. »Dónde estan?«

Meine Mutter rieb sich den Bauch. »Sehr lecker waren sie. Darum sind wir Frauen alle so fett. Junge Männer sind ein gutes Essen.«

Der Große wurde sauer. Er fing an zu schreien: »Dónde estan los hombres del pueblo?«

»Wenn du mir nicht glaubst, können wir dich auch einmal probieren«, fuhr meine Mutter fort. »Aber du siehst nicht besonders lecker aus. Nein, du bist so alt, dass wir dich nicht gebrauchen können. Wir würden nicht einmal mit solchen hässlichen alten Hähnen wie euch schlafen.«

Die Männer sahen empört aus und gingen stromaufwärts auf Papaisis Küche zu.

»Gott sei Dank«, rief meine Mutter hinter ihnen her und winkte und lächelte.

Die Männer winkten meiner Mutter auch zu. Sie hatten kein Wort von dem verstanden, was sie gesagt hatte.

»Die Unwissenden sind auf dem Weg zu dir«, rief meine Mutter der alten Dame Yoshran zu. »Erzähl ihnen etwas. Sie sind begeistert, wenn du ihnen etwas erzählst.« Meine Mutter lachte und lachte.

Die Männer blieben bis zur Abendessenszeit bei uns und wanderten von Haus zu Haus. Sie wurden immer wütender. Keiner bot ihnen etwas zu essen oder zu trinken an und schließlich fuhren sie ab.

Nachdem das Boot abgefahren war, ging das Leben weiter.

Mein Vater kam vom Holzarbeiten zurück. Er brachte Stoff, ein paar neue Töpfe, Garn und Nadeln für meine Mutter und ein neues Gewehr mit. Meine Mutter war sehr glücklich.

»Ich bleibe nicht lange zu Hause«, sagte mein Vater zu uns. Er strich über Camis Kopf, während sie schlief. »Juan Matus hat gefragt, ob ich flussaufwärts wieder im Holz für ihn arbeiten möchte. Er sagt, er wird diesmal gut bezahlen.«

»Gut«, sagte meine Mutter. »Mein Sohn bringt uns Fisch und kleine Vögel. Er kann für uns sorgen. Es wird uns gut gehen. Geh und verdiene Geld, so lange du kannst, bevor du zu alt bist, um für jemanden zu arbeiten. Es wird uns gut gehen.«

Mein Vater nickte und erwähnte den blöden alten Mann nicht, dem ich versprochen worden war.

Ein paar Tage, nachdem mein Vater reboqui gezogen war, hörten wir Nontis Pequi-Pequi und wussten, dass die alten Damen zurückkamen. Papaisi blies das Horn und ließ einige Männer weiter an dem Haus bauen, bevor sie ankamen. Drei Tage später sah es wirklich anders aus. Sie hatten mit dem Dach begonnen. Die alten Damen lächelten, als sie das sahen. Und sie brachten die Geschenke mit, die sie allen versprochen hatten.

»Angel hat mir von einem Flugzeugabsturz in der Nähe von Sapososta erzählt«, sagte Papaisi zu den alten Damen und betrachtete lächelnd seine Stiefel. »Als ich von dem Absturz hörte, dachte ich an euch. Ich fragte mich, ob ihr in dem Flugzeug gesessen habt. Und ich dachte oft an meine Stiefel. Ich fragte mich, ob sie auch im Flugzeug waren.« Die alten Damen lachten. Sie waren anscheinend froh, wieder hier zu sein.

»Wo sind die Bilder?«, fragte Elena Joanna.

Joanna suchte in einer der Kisten und holte Bilder heraus, viele, viele Bilder. Die Bilder zeigten uns und unser Dorf. Die alten Damen verteilten die Bilder unter allen, die auf ihnen zu sehen waren. Joanna gab mir eins. Ich sah es mir an. Das war ich mit meinen schönsten Perlen und Cami in ihrem Tuch und neben mir stand Elena, die ihr Gesicht wunderschön angemalt hatte und ihren wunderbaren Kleine-Perlen-Gürtel und einen neuen Rock trug. Wir sahen schön aus, sehr ernst und sehr gut gekleidet.

»Ich möchte auch eins«, sagte Elena, als sie mir über die Schulter sah.

»Natürlich haben wir für dich auch eins«, sagte Joanna und gab Elena genau das gleiche Bild.

»Und, wo sind eure Freunde?«, fragte Elena. »Los, zeigt uns die hässlichen alten Männer.«

»Wir haben keine Bilder«, sagte Joanna. »Aber Margarita hat einen Freund namens Flaco und meiner heißt Dante.« Joanna grinste, als sie uns das erzählte.

»Was haben sie euch geschenkt?«, fragte ich.

»Geschenkt? Sie haben uns nichts geschenkt.« Joanna sah verwirrt aus. »Wir sind in Pucallpa mit ihnen tanzen gegangen und hatten Spaß. Sie haben uns nichts geschenkt.«

»Was? Warum habt ihr euch geizige Freunde ausgesucht?« Elena und ich trauten unseren Ohren nicht. Sogar Nawa sollten wissen, dass Freunde Geschenke machen. Wenn du verheiratet bist, können sie dir natürlich nichts schenken, was dein Mann entdecken könnte. Doch die beiden waren nicht verheiratet. Ihre Freunde könnten ihnen alles Mögliche schenken.

»Hört zu«, sagte Elena. »Wenn eine Frau mit einem Mann Sex hat, sollte er ihr etwas schenken. Manchmal schenkt er ihr Fleisch, manchmal gibt er ihr Stoff, manchmal Garn, Nadeln, egal was. Jedenfalls etwas, er sollte ihr etwas schenken. Wenn er ihr nichts schenkt, ist er ein rambi yosi, ein böser alter Mann, yohuashi, ein geiziger alter Mann.«

»Was schenken eure Freunde euch?«, fragte Joanna. Sie war wirklich gerissen, diese alte Dame. Gerade als wir ihr beibringen wollten, wie sie sich in der Welt zu benehmen hatte, fing sie wieder mit der Fragerei an.

»Ich habe keine Freunde«, sagte Elena. »Ich bin verheiratet. Doch als ich noch nicht verheiratet war, bekam ich Geschenke.«

»Ach ja, keine Freunde«, tuschelte ich Elena leise zu. »Dein geiziger alter Mann hat dir die neuen gelben Perlen geschenkt, oder wie?«

»Als ich noch nicht verheiratet war«, fuhr Elena fort, als hätte ich nichts gesagt, »bekam ich viele Geschenke von meinen Freunden. Einmal habe ich sogar eine Taschenlampe bekommen, eine ›Winchester‹«, sagte sie stolz.

»Habt ihr noch nie etwas von euren Freunden geschenkt bekommen?«, fragte ich. Es war schlimm genug, dass sie nichts für die Schönheit taten. Doch sie schienen sich selbst tatsächlich nicht zu respektieren.

»Wir sind anders«, sagte Joanna. »In meinem Land sind die Frauen stolz darauf, unabhängig, selbstständig und auf niemanden als sich selbst angewiesen zu sein. Sex, das ist etwas, was wir nur dann machen, wenn wir es wollen. Und wir tun es für keine andere Belohnung als den Spaß, den wir dabei haben.«

»Sex ohne Geschenke ist wie geröstete Kochbananen ohne Salz«, sagte Elena. »Geröstete Kochbananen sind gut, sie halten dich am Leben, aber sie machen keine Freude. Sie sind nur ein Nahrungsmittel. Wenn du aber Salz drüber streust, sind sie wirklich lecker.«

»Selbst die kleinen Jungen, die zum ersten Mal Sex haben, bringen ihren kleinen Freundinnen Geschenke mit, eine Kleinigkeit nur, Obst oder Nüsse. Das ist es doch, was Sex ist: ein Handel, ein Geschäft, ein Tausch.« Ich hörte mich fast so an wie Angel der Lehrer, als er uns erklärte, dass Peru von irgendeiner anderen Regierung unabhängig werden würde.

»Ihr werdet es noch lernen, ihr werdet es noch lernen«,

sagte Elena. »Erzählt uns jetzt etwas von diesen geizigen alten Männern. Tanzen sie gut? Und machen sie guten Sex?« Darüber lachten und lachten wir.

»Ja, sie machen beides gut«, sagte Margarita und wir lachten wieder alle. Die alten Damen waren viel glücklicher als damals, als sie das erste Mal zu uns kamen. Es war gut, dass sie wieder da waren.

13

Die Regenzeit begann. Im Regen konnten die Männer nicht das Dach der alten Damen fertig bauen.

Jedes Jahr wurden alle Dörfer, die flussabwärts am Paro lagen, überschwemmt. Die Leute mussten ihre Fußböden anheben, manchmal bis unter die Dächer. So mussten sie dann leben, von Wasser umgeben, bis das Wasser wieder gesunken war. Die Leute lebten mit ihren Hühnern und Enten zusammen, weil kein Land mehr zu sehen war. Wenn sie von einem Haus zum anderen gehen wollten, brauchten sie ein Kanu. Und natürlich gab es nichts zu essen, denn alle Tiere flüchteten vor den Überschwemmungen in den Monte. An der Mündung des Paro, dort, wo er in den Ucayali fließt, waren die Überschwemmungen am schlimmsten. In schlechten Jahren mussten ganze Dörfer geräumt werden. Doch unser Dorf wurde nie überschwemmt. Wir lebten an einem sehr guten Ort auf dem Hochland des Poincus-Vogels. Manchmal stieg der Fluss bis an den oberen Rand des Ufers, doch niemals trat er über die Ufer. Darum lebten wir hier.

Mit dem Regen kam die Kälte. Wir wickelten uns Tücher und Decken um und zogen alle warmen Sachen an, die wir hatten. Die alten Damen hatten sich Pullover mitgebracht, die sie an diesen nassen Tagen trugen. Margarita hatte einen sehr merkwürdigen Pullover. Er hatte ganz viele bunte Tupfen, winzige Pünktchen, die wie Stechmücken aussahen. Als sie ihn das erste Mal trug, versuchten Elena und ich, die Punkte abzuzupfen. Der Pullover sah aus wie ein Nest von vielen kleinen Käfern. Margarita sagte Nein, die Punkte gehörten auf den Pullover, doch wir zupften weiter. Bestimmt sah der Pullover ohne die vielen kleinen Dinger viel besser aus. Margarita aber gefiel er und so ließen wir sie etwas tragen, das aussah, als hätte es eine Krankheit.

Joanna saß unter ihrem Moskitonetz, schrieb in ihr Notizbuch und kratzte sich die Füße.

»Hohue«, sagte ich.

»Hoho«, sagte Joanna. »Warum jucken mir die Füße so? Ich kann kaum arbeiten, weil ich immer wieder meine Zehen kratzen muss, und sie jucken und jucken.«

»Du bist barfuß gegangen, nicht wahr?«, fragte ich sie. Die alten Damen hatten je ein Paar große, feste schwarze Stiefel, ideal für den Schlamm. Joanna hatte sie aber nicht mehr getragen.

»Ja«, sagte Joanna und kratzte ihre Zehen. »Und?«

»Du hast Wurmeier in deinen Füßen. Darum jucken sie.«

Joanna sah entsetzt aus. Sie hörte auf zu kratzen. »Eier? Eier in meinen Füßen? Würmer haben ihre Eier in meine Füße gelegt, unter meine Haut, in meinen Körper?«

Ich hatte sie noch nie so aufgebracht gesehen. Normalerweise war Margarita diejenige, die schrie und tobte und weinte. Joanna war die Ruhige.

»Ist nicht schlimm«, sagte ich. »Wir haben das alle. Weißt du, wenn wir alle Durchfall kriegen und uns der Bauch wehtut? Das sind die Würmer. Nachdem sie durch deine Füße hereingekommen sind, kriechen sie in deinen Beinen herauf und in deinen Bauch hinein und machen dich krank.«

Joanna starrte mich an. »Würmer haben Eier in meine Füße gelegt? Ehrlich? Ich habe jetzt Eier in meinen Füßen? Habe ich auch Würmer in den Füßen?« Sie drehte ihren Fischring.

»Nein. Die Würmer leben im Schlamm. Wenn die Erde nass ist und sie zu Schlamm wird, dann leben die Würmer dort. Und dann legen sie auch ihre Eier in deine Füße. Wenn sie aus den Eiern schlüpfen, werden deine Füße nicht mehr jucken.« Ich dachte, das würde sie aufmuntern, doch sie sah noch entsetzter aus.

»Wenn meine Füße nicht mehr jucken, sind sie aus den Eiern geschlüpft, und dann habe ich keine Eier mehr in den Füßen, sondern sehr bald Würmer in meinem Bauch?«

Sie hatte es sehr wohl verstanden, aber sie sah nicht besonders glücklich aus.

»Ja. Das ist richtig. Jetzt musst du etwas Heißes auf deine Zehen schmieren, da, wo sie am meisten jucken. Erwärme irgendetwas und reib es auf deine Zehen. Dann hört das Jucken für eine Weile auf.«

»Wie groß sind die Würmer, wenn sie in meinem Bauch sind? Sieht man sie in den Beinen hinaufwandern, nachdem sie geschlüpft sind?« Joanna starrte ihre Zehen an.

»Manchmal werden sie so groß wie eine Schlange«, sagte ich, »meistens sind sie aber klein. Wie normale Würmer. Aber ihr habt Medizin dagegen. Ihr habt uns Medizin mitgebracht, darum weiß ich, dass ihr welche habt. Du kannst die Medizin nehmen und die Würmer töten.«

»Das Wurm-Medikament, das wir mitgebracht haben«, sagte Joanna. »Genau. Ich wusste nur nicht, dass sie durch die Füße in den Bauch gelangen und dass sie so fürchterlich jucken.« Sie hatte sich ein wenig erholt und kratzte sich wieder. »Mit Läusen in den Haaren und Wurmeiern in den Füßen brauche ich mehr Zeit zum Kratzen als zum Arbeiten.«

Ich fand es immer noch merkwürdig, dass sie das, was sie tat, »Arbeit« nannte. Wenn ein Isabo-Mann sagt, er arbeitet, dann bringt er den Garten in Ordnung, geht jagen, baut ein Haus, webt eine Schlafmatte, baut ein Kanu, hackt Feuerholz und trägt es nach Hause. Wenn eine Isabo-Frau sagt, sie arbeitet, dann pflanzt sie etwas im Garten, erntet etwas aus dem Garten, sammelt Früchte und Nüsse im Wald, macht ein Feuer, kocht etwas zu essen, spinnt Garne, webt Stoffe, macht Töpfe aus Lehm. Und wenn die alten Damen sagten, sie arbeiteten, dann stellten sie uns Fragen und schrieben in ihre Notizbücher. Dann lasen sie ein paar Bücher, redeten noch ein wenig, schrieben noch ein wenig, stellten noch ein paar Fragen und schrieben wieder.

»Wo ist Cami?«, fragte Joanna und kratzte sich weiter die Zehen.

»Meine Mutter hat sie nach Weesoshando mitgenommen, um die Frau ihres Bruders zu besuchen. Sie sind heute Abend zurück.«

»Ich möchte auch einmal nach Weesoshando«, sagte Joanna. »Ich habe so viel davon gehört.«

Weesoshando ist ein Isabo-Dorf, das zwei Flusswindungen stromabwärts von hier entfernt liegt.

»Wir werden bald dorthin gehen«, sagte ich ihr. »In der Nähe von Weesoshando gibt es viele Papayabäume und die Papayas sind bald reif. Dann können wir gehen, Papayas holen und Weesoshando besuchen.«

»Gut. Vielleicht jucken meine Füße dann nicht mehr so.«

An dem Nachmittag hörte es für kurze Zeit auf zu regnen und Papaisi stellte sich mitten auf den Weg und blies sein Horn. Er blies es mehrere Male, ging zurück ins Haus, um das Horn wegzulegen, nahm seine Machete in die Hand und machte sich am Haus der alten Damen an die Arbeit. Andere Männer kamen mit ihren Macheten dazu. Joanna und Margarita kamen heraus und sahen ihnen zu.

»Wir werden das Haus in drei Tagen fertig haben«, sagte Papaisi stolz.

»Das wäre gut«, sagte Margarita. »Es sieht aber so aus, als würde es länger dauern.«

»Drei Tage«, sagte Papaisi. »Wir sind stark, wir sind gute Arbeiter. Drei Tage.«

»Okay«, sagte Margarita.

»Die Männer könnten bei der Arbeit etwas Hafersuppe brauchen«, sagte Papaisi.

»Wir kochen Hafersuppe«, sagte Margarita. Die alten Damen kochten einen festen Brei, den man beinahe kauen musste. Wir kochen ihn so wie Chapo, wie ein Getränk.

Als die alten Damen mit dem Haferbrei zurückkehrten, teilte Papaisi ihn unter den arbeitenden Männern aus. Dann setzte er sich neben Joanna und erzählte ihr, wie wunderbar und fleißig unser Dorf war. Joanna nickte und nickte. Dann sagte Papaisi: »Wir werden nur in der einen Hälfte des Hauses Fußboden legen. Wir werden die andere Hälfte ohne Boden lassen. Zum Tanzen«, sagte er und lächelte die alten Damen an.

»Nein«, sagte Margarita. »Wir möchten im ganzen Haus einen Boden. Wir können woanders tanzen.«

Papaisi trank seinen Haferbrei. »Das Haus würde schön aussehen, wenn es nur einen halben Fußboden hätte.«

»Nein«, sagte Margarita. »Wir möchten einen Boden im ganzen Haus.«

Papaisi trank noch einen Schluck Haferbrei und sagte dann: »Also gut. Doch dann wird es länger als drei Tage dauern.«

»Also gut«, sagte Margarita. »Doch wir möchten einen Boden im ganzen Haus.«

»Im ganzen Haus«, sagte Papaisi.

»Und wir werden warten«, sagte Margarita.

»Und ihr werdet warten«, sagte Papaisi.

Meine Mutter kehrte an dem Nachmittag aus Weesoshando zurück und gab mir das Baby.

»Sie ist ein braves Mädchen. Sie hat im Haus von der Frau meines Bruders lange allein gesessen. Sie war stolz auf sich, stolz darauf, dass sie sitzen lernt. Und schau dir ihre Hände an. Sie wird eine gute Fischerin. Sieh mal, sie übt schon, den Fisch vom Haken zu nehmen.« Wir beobachteten beide meine kleine Cami, die mit der rechten Hand an einem Finger der linken Hand zog.

»Siehst du! Das macht sie wieder und wieder.« Meine Mutter hatte noch nie ein gutes Wort über das Baby gesagt, seit ich die Kleine zu mir genommen hatte. Jetzt aber schien sie zu glauben, dass Cami leben würde, zumindest lange genug, um fischen zu gehen. Ich hoffte, dass sie Recht haben würde.

Später kam Elena zu mir und wir setzten uns an die Feuerstelle meiner Mutter und zeichneten Muster in den Sand. Joanna und Margarita blieben auf dem Weg zum Baden bei uns stehen.

»Worüber lästert ihr beiden?«, fragte Joanna. Elena hatte ihnen gerade das Isabo-Wort für lästern beigebracht.

»Heiraten, Männer, was auch immer«, kicherte Elena.

»Oh«, sagte Joanna.

»Hattest du ehrlich noch nie einen Mann?«, fragte ich Joanna.

»Ehrlich«, sagte sie. »Nie. Margarita hatte einen. Einen sehr schlechten. Aber jetzt nicht mehr. Sie ist ihn losgeworden.«

»Warum hast du ihn weggeworfen?«, fragte ich Margarita.

»Er war gemein zu mir«, sagte Margarita. »Und ich konnte ihn nicht mehr lieben, als er gemein zu mir war.«

»Hattest du denn keine Freunde, die nett zu dir waren?«, fragte ich. Es ist doch egal, wenn ein Ehemann nicht nett ist. Ehemänner brauchen nicht nett zu sein. Sie müssen nur den Garten in Ordnung halten und Fleisch mit nach Hause bringen.

»Ich hatte keine Freunde, bevor ich meinen Mann verließ«, sagte Margarita. »So ist es bei uns.«

»Du warst mit einem Mann verheiratet, den du nicht mochtest, aber du hattest keine Freunde?«

»Ja«, sagte sie.

Es fing wieder an zu regnen. Joanna und Margarita hatten nicht gebadet, aber das schien ihnen nichts auszumachen. Es machte ihnen tatsächlich großen Spaß zu quatschen. Die Regenzeit war genau die richtige Zeit für sie. Wenn es nass und kalt ist, geht kaum einer nach draußen. Die Leute bleiben zu Hause – sogar die Männer – und versuchen nicht zu frieren.

»Und dein Mann«, sagte Joanna zu mir. »Ich habe gehört, dass er wieder herkommt.«

»Er ist nicht mein Mann«, sagte ich.

»Freut es dich, dass er wiederkommt?« Sie hatte es nicht verstanden.

»Freude oder was auch immer«, sagte ich.

»Wird es ihn freuen, dass er noch ein Baby hat?«, fragte Joanna.

»Er hat kein Baby«, sagte ich. Dachte sie, ich sei schwanger?

»Cami«, sagte Joanna.

»Das ist nicht sein Baby«, erklärte ich ihr. »Das ist mein Baby. Ich habe sie adoptiert. Der alte Mann hat nichts damit zu tun.«

»Aber er ist doch dein Mann«, sagte Joanna.

»Nur mein Vater behauptet das«, sagte ich. »Doch selbst wenn er mein Mann wäre, ist das Baby allein mein Baby. Mein adoptiertes Baby. Nicht das Baby von meinem Mann. Meins.«

Joanna und Margarita schienen mich nicht zu verstehen.

»Meine Perlen sind meine Perlen«, sagte ich. »Meine Röcke sind meine Röcke. Das Baby ist mein Baby. Er hat bei ihrer Entstehung nicht geholfen.« Warum war das so schwer zu verstehen?

14

Jeden Tag blies Papaisi das Horn, wenn es aufhörte zu regnen, und die Männer arbeiteten weiter am Haus der alten Damen. Und jedes Mal, wenn sie das Horn hörten, kochten die alten Damen einen großen Topf Haferbrei für die Männer, ohne dass jemand sie darum gebeten hätte. Langsam, über die nächsten Wochen hinweg, wurde die Arbeit erledigt. Das Haus war groß und stark und der Boden reichte von einer bis zur anderen Seite.

»Es ist fertig«, verkündete Papaisi den alten Damen. Und die drei gingen das Haus besichtigen.

»Es ist gut, ein gutes Haus«, sagte Papaisi. »Wie wir es euch versprochen haben.«

Die alten Damen waren glücklich. »Danke«, sagten sie. »Es ist schön.«

»Jetzt können wir endlich ein richtiges Fest machen und euch in eurem neuen Haus willkommen heißen«, sagte er.

»Ja«, stimmten sie zu. »Heute Abend machen wir ein richtiges Fest.«

Alle halfen den alten Damen, ihre Sachen von Chawas Haus zu ihrem neuen Haus zu tragen. Zuerst spannten sie ihr riesiges Moskitonetz auf und dann räumten sie alles unter dem Netz ein. Sie hatten viel mehr Platz als bei Chawa und deshalb legten sie die Dinge mal hierhin, mal dorthin, bis alles seinen rechten Platz gefunden hatte.

Es war Essenszeit, aber sie hatten keine Küche. Die Männer hatten ihnen ein Haus gebaut. Cuncha holte Holz bei der Feuerstelle ihrer Mutter und machte Feuer für die alten Damen – ein Feuer im Freien, wie auf der Jagd.

Margarita ging hinüber zu Papaisis Haus.

»Uns gefällt das Haus«, sagte sie. »Und jetzt brauchen wir eine Küche.«

»Selbstverständlich braucht ihr eine Küche«, sagte Papaisi. »Wir bauen morgen eine Küche. Nach dem Fest sollt ihr eine Küche bekommen. Wir brauchen nur einen Tag, um eine Küche zu bauen.«

An dem Abend holten die alten Damen ihre alte Flasche und ein paar Becher heraus. Alle versammelten sich in ihrem Haus. Die alten Damen lächelten und lachten. Was würde passieren, wenn sie die Wahrheit herausfanden?

»Hacon shobo«, sagte Joanna. So ein gutes Haus.

»Das Grasdach, das wir für euch gebaut haben, wird ewig halten. Kein Regen wird durch euer Dach tropfen. Ihr werdet in diesem Haus immer trocken bleiben. Die Männer bauten das Haus mit großer Sorgfalt und Aufmerksamkeit und sie gingen tief, tief in den Wald hinein, um das beste Material dafür zu finden.« Papaisi hielt seine Rede und setzte sich auf den neuen Fußboden.

»Und der Boden ist auch stark, stark und gut. Er wird auch ewig halten. Das Holz für den Boden kommt tief aus dem Wald, von hier aus zwei Tage zu Fuß. Wir haben euch ein wunderbares Haus gebaut.«

»Ja«, sagte Margarita. »Ihr habt uns ein wunderschönes Haus gebaut.« Und sie sagte nicht mehr.

Diese Frauen hatten endlich gelernt, wie man mit Älteren spricht. Es hatte sehr lange gedauert, aber schließlich hatten sie es gelernt.

Inzwischen hatten sich alle irgendwo auf den neuen Boden oder draußen hingesetzt und schlugen nach Moskitos. Joanna füllte Schnaps in die Becher und gab sie zuerst den alten Männern. Sie reichte Papaisi den ersten Becher. Er trank einen Schluck.

»Das ist kein Schnaps. Das ist Flusswasser«, sagte er laut und spuckte das Wasser auf den Boden.

Joanna und Margarita sahen sich an. Wir warteten alle.

»Sie sind aus Weesoshando gekommen und haben euren Schnaps gestohlen«, sagte jemand leise.

»Wie immer es gewesen sein mag«, sagte Margarita mit einem Lächeln.

»Wer immer es gewesen sein mag«, sagte Joanna.

Was war los mit den alten Damen?

»Wir werden Musik hören«, sagte Joanna. »Das ist die Party für unser neues Haus.« Sie holte den Kassettenrekorder heraus und schaltete ihn an.

»Was singen sie?«, fragte ich.

»Es ist ein Lied von einer Schachtel Regen«, sagte Joanna mit Tränen in den Augen. »Just a box of rain, I don't know who put it there«, sang sie.

»Albern«, sagte meine Mutter. »Schachteln voller Regen. Das Wasser wird durch die Schachteln durchlaufen. Sollen sie doch Lieder singen von Dosen voller Regen, Schüsseln voller Regen, Eimern voller Regen. Nawa.«

Wir lachten alle über meine Mutter. Joanna spielte das Lied noch einmal. Wir sangen alle mit: »Such a long long time to be gone and a short time to be there.«

Den alten Damen machte es nichts aus, dass jemand ihnen etwas genommen hatte! Vielleicht, weil sie Zuckerrohrschnaps nicht mochten, vielleicht waren sie so glücklich über ihr neues Haus, dass ihnen alles andere egal war, oder vielleicht lernten sie endlich, wie man lebt. Was immer der Grund gewesen sein mag.

Am nächsten Morgen schleppten die Männer ein paar Pfosten und etwas Gras zum Haus der alten Damen und bauten ihnen eine kleine Küche – einfach ein Grasdach. Mehr sind unsere Küchen nicht, natürlich haben sie keinen Fußboden, weil das Feuer auf dem Boden gemacht wird. Die Männer bauten eine kleine Küche, groß genug für zwei Personen. Margarita war unterwegs in irgendeinem Garten und arbeitete, während die Männer die Küche bauten. Sie kam am Abend zurück.

»Schau, wie schnell sie unsere Küche gebaut haben!« Joanna war glücklich. Cuncha war glücklich. Und auf dem Feuer kochte ein leckerer Eintopf. Ich saß bei Cuncha am Feuer. Ich setzte Cami neben mich. Sie konnte schon alleine sitzen, nur manchmal fiel sie noch um.

»Warum haben sie die Küche hierhin gebaut?«, fragte Margarita.

»Wie bitte? Was meinst du? Sie haben sie hierhin gebaut, weil die Küche immer gegenüber vom Haus gebaut wird, zum Fluss hin. Alle Küchen wurden so gebaut. Was meinst du?«

»Steht auf. Stellt euch hierher. Diese Küche liegt nicht in der Küchenlinie. Sie ist zu nah am Haus. Alle anderen Küchen liegen in einer Linie, in einer geraden Reihe am ganzen Dorf entlang. Überall ist der gleiche Abstand zur

Häuserlinie. Unser Haus liegt richtig. Aber unsere Küche tanzt aus der Reihe. Seht ihr es denn nicht?«

Joanna, Cuncha und ich sahen es uns an. Margarita hatte Recht. Es sah wirklich komisch aus.

»Du bist dabei, eine gute Isabo zu werden«, sagte ich zu Margarita. »Du bekommst durch das Leben hier bei uns ein Gefühl für Schönheit und das rechte Maß.«

»Ja«, sagte Margarita. »Und sie sollen die Küche verlegen.«

Schönheit und das rechte Maß sind das eine. Eine Küche zu verlegen ist etwas anderes. »Das musst du Papaisi sagen«, sagte ich zu ihr.

»Ja«, sagte sie. »Das werde ich tun. Aber nicht heute. Heute freuen wir uns einfach über unsere Küche, auch wenn sie am falschen Platz steht.«

Am nächsten Tag ging ich mit Margarita zu Papaisi, um ihm zu sagen, dass die Küche verlegt werden sollte.

»Ja, alles zu seiner Zeit«, antwortete er. »Nach der Regenzeit. Wir können nichts tun, solange es noch regnet.«

Margarita nickte und ging zurück zu ihrem Haus.

»Genug ist nicht genug für sie«, sagte Papaisi und lachte. »Sie wollen immer mehr, mehr als sie bereits haben. Es ist schwierig, so zu sein.«

»Sie sind anders«, sagte ich. »Aber sie lernen dazu.«

Der Regen kam und ging, kam und ging. Es war keine schlechte Regenzeit für uns, auch wenn viele Dörfer flussabwärts überschwemmt wurden. Eines Morgens, bevor es anfing zu regnen, blies Papaisi das Horn und die Männer verschoben die Küche der alten Damen.

Am Vormittag spitzte Marco seine kleinen Jaguar-Ohren.

»Avión«, flüsterte er. »Da kommt ein Flugzeug.«

Bald hörten wir anderen es auch. Wir liefen alle zum Fluss hinunter, um zu sehen, wie es auf seinen Skis auf dem Fluss landete, wie ein großer Chara-Vogel. Wir wussten, dass es Gringo-Missionare waren. Sie flogen immer mit denselben dunkelgrünen Flugzeugen. Joanna und Margarita waren mit an den Fluss gekommen, um zuzuschauen.

»Wer ist das?«, fragte Joanna mich und drehte ihren Fischring.

»Deine Landsleute«, erklärte ich ihr. »Amerikanische Missionare.«

Die Missionare kletterten aus dem Flugzeug. Es waren zwei alte Damen, wie Joanna und Margarita, doch sie trugen Kleider mit ganz vielen kleinen Blumen darauf und Sandalen mit hohen Absätzen. Ihre Haut hatte dieselbe Farbe wie der Bauch eines Paiché-Fisches und ihr Haar hatte dieselbe Farbe wie Margaritas Haare, nur schlängelte es sich wie ein sehr alter Fluss. Ihre Stimmen klangen wie das Krächzen der Tete-Vögel. Sie waren fett und das war das einzig Schöne an ihnen.

Der Mann, der das Flugzeug gesteuert hatte, ging direkt auf Joanna zu und streckte ihr seine Hand entgegen. Sie lächelten beide und redeten miteinander. Dann sagte der Mann etwas zu ihr. Was immer es gewesen sein mag, es machte Joanna sehr sauer. *Richtig* sauer. Der Mann lächelte noch, Joanna aber nicht mehr.

Margarita gab den alten Missionarinnen die Hand. Sie redeten und redeten mit Margarita, während der Mann Joanna das Flugzeug zeigte. Dann standen sie in einer

Gruppe zusammen und unterhielten sich in ihrer Sprache. Wir traten alle ein Stück zurück und beobachteten sie. Keiner setzte sich hin. Sie standen einfach da, mitten auf dem Weg, und redeten und redeten.

Schließlich kam Angel heraus, um sie zu begrüßen. Er lud sie ein, in seinem Haus zu übernachten. Die Missionarinnen ließen ihr Zeug von dem Mann in Angels Haus tragen – Kisten über Kisten.

»Was hat der alte Mann zu dir gesagt, als du so sauer wurdest?«, fragte ich Joanna, als die Missionarinnen in Angels Haus gegangen waren und Joanna und Margarita alleine stehen ließen.

»Er fragte mich, ob die Frauen hier ihre Kinder gut versorgen«, sagte Joanna. »Was ist mit diesen Leuten los? Können sie es denn nicht selbst sehen? Natürlich sorgen die Mütter für ihre Kinder. Sehen die es denn nicht an den Kindern? Die Kinder sind alle gut versorgt, lauter schöne, süße Kinder. Diese Leute sind verrückt, tsindi biris.«

»Es sind eure Leute«, sagte ich. »Oder nicht? Sie sprechen eure Sprache, oder nicht?«

»Ja«, sagte Joanna. »Wir sprechen dieselbe Sprache, aber das sind nicht meine Leute. Sie glauben nicht dasselbe wie ich. Sie sind überhaupt nicht wie wir. Sieh dir an, wie viel Zeug sie mitgebracht haben. Sie wollen nur einmal übernachten und haben mehr mitgebracht als wir für viele Monate.«

Sie *hatten* viel Zeug mitgebracht. Das meiste war Essen – Speck, einen Kuchen, den sie Betty Irgendwas nannten, tütenweise Süßigkeiten, Matratzen zum Schlafen und Brot. Joanna und Margarita hatten viel Zeug mitgebracht – mehr als wir jemals gesehen hatten –, aber diese Frauen hatten Sachen mitgebracht, die nicht einmal Joanna und Margarita gesehen hatten, zumindest nicht hier im Dschungel.

Joanna, Margarita, Elena und ich warteten, bis sich die Missionarinnen in Angels Haus eingerichtet hatten, und dann gingen wir sie besuchen.

»Hoffentlich geben sie uns Süßigkeiten«, sagte Joanna. »Sie haben so viele mitgebracht. Und sie haben eine ganze Tüte voller Milchschokoladenriegel. Große, fette Schokoladenriegel. Hoffentlich bieten sie uns welche an.«

Joanna und Margarita saßen auf Angels Veranda und unterhielten sich mit den Missionarinnen. Wir saßen auf dem Boden neben ihnen. Während sie redeten, aßen die Missionarinnen den gebratenen Speck, den sie mitgebracht hatten. Joanna starrte ununterbrochen auf den Teller mit Speck und die Missionarinnen boten ihr nichts davon an. Sie redeten und aßen einfach weiter. Joanna schien die Spucke im Mund zusammenzulaufen.

»Also seid ihr *alle* geizig«, flüsterte ich Joanna zu.

Ihre Augen rissen sich vom Speck los und sie sah mich an. »Scheint so, nicht wahr?«, flüsterte sie zurück.

Dann ging eine der Missionarinnen zu ihren Kisten und suchte etwas. Sie holte eine große Tüte Schokolade heraus. Die beiden Missionarinnen nahmen sich je ein Stück und legten die Tüte dann zurück in die Kiste. Ich dachte, Joanna würde sich gleich die Tüte aus der Kiste schnappen und damit wegrennen. Doch sie sprach ruhig weiter, während ihre Augen auf die Kiste starrten, in der die Schokolade lag. Ihre Hände waren damit beschäftigt, an ihrem Ring zu drehen. Schließlich holte eine Missionarin die Tüte noch einmal heraus – diese Frauen aßen ununterbrochen – und bemerkte endlich, dass Joanna die Schokolade anstarrte. Sie gab Joanna und Margarita je einen Schokoladenriegel und aß selbst noch ein paar.

Joanna und Margarita packten ihren Riegel aus, nahmen sich ein winziges Stück und dann gab Joanna mir ihren Riegel und Margarita reichte Elena ihren, damit wir sie unter uns Zuschauern aufteilten.

»Yohuashi biris«, sagte Joanna zu mir und deutete auf die Missionarinnen. »Sie haben so viel Schokolade und sie geizen so damit.«

Joanna sah mich an und sah dann alle anderen an, die sich einen Schokoladenriegel teilten, und es geschah etwas in ihr. Ich konnte beinahe sehen, wie sich der Gedanke durch ihren Körper bewegte. Sie benahm sich bei den Missionarinnen, wie wir uns bei ihnen benommen hatten, als wir alles, was sie hatten, haben wollten. Wir hatten verstanden, warum sie damit geizten. Ich nickte Joanna nur zu.

Später am Abend, als es dunkel war, riefen die Missionarinnen das Dorf zu einer Versammlung zusammen, um uns auf Spanisch zu erzählen, dass wir unser Pui nicht mehr im Fluss machen sollten. Wir sollten große Löcher im Dschungel graben und unser Pui dort machen. Angel übersetzte. Keiner lachte laut heraus, weil wir die Missionarinnen nicht beleidigen wollten, aber niemand konnte so recht fassen, was sie uns erzählten.

»Pui in einem großen Loch im Dschungel machen?«, fragte Nimeran. »Das haben sie vor ein paar Jahren in Moshi versucht. Mein Bruder hat mir davon erzählt. Das Loch wird voll von Pui – und stinkt – und es ist voller Würmer, die wir nicht kriegen sollen, wie sie sonst immer sagen. Und wisst ihr, was dann kommt, um in dem großen Loch zu fressen? Schlangen! Viele verschiedene Arten von Schlangen. Stellt euch vor. Wir schneiden stundenlang das Gras und Gestrüpp an unseren Häusern weg, damit die Schlangen nicht ins Dorf kommen, und die erzählen uns, wir sollten ein Pui-Loch graben und die Schlangen herlocken. Diese Leute sind verrückt!«

Alle kicherten, so leise sie konnten. Angel hatte die Aufgabe, alles zu übersetzen, was wir sagten.

»Das Dorf hat keine Schaufeln, um solch ein Loch zu graben«, sagte Angel mit ungerührter Miene. »Aber wir werden eins mit unseren Macheten graben. Es wird eine Weile dauern, aber wir werden es tun. Wir wollen uns weiterentwickeln.«

Die Missionarinnen lächelten und klatschten in die Hände.

»Aber wir wollen nicht sterben!«, sagte Nimeran. »Stellt euch vor, man hockt sich hin, um Pui zu machen, und wird von einer Hergon gebissen. Du würdest tot sein, bevor dein Pui im Loch auf den Boden gefallen ist.« Es machte ihm besonders großen Spaß, weiter und weiter zu reden, weil Angel es nicht übersetzen konnte.

»Nimeran sagt, dass er morgen früh anfangen wird«, erzählte Angel den Missionarinnen.

Sie lächelten und klatschten noch einmal.

»Das Dorf dankt euch«, sagte Angel. »Kommt bitte bald wieder zu uns ins Dorf. Aber nicht zu bald«, fügte er auf Isabo hinzu.

Am gleichen Abend legte ein Regatón unterhalb meines Hauses an. Er hatte jede Menge Schnaps. Joanna und Margarita gingen mit uns an den Fluss hinunter. Sie hatten den Abend mit den Missionarinnen verbracht, sich mit ihnen unterhalten und ihnen beim Essen zugesehen. Als der Händler anlegte, freuten sie sich über die Abwechslung. Sie kauften eine Flasche Schnaps und reichten sie herum. Und sie wurden beide betrunken, richtig betrunken. Icha palna. Das erste Mal.

»Glaubst du, sie sind okay?«, flüsterte Elena mir zu.

Joanna fing an ein paar Lieder in ihrer Sprache zu singen. Margarita saß einfach da und kicherte vor sich hin. Ab und zu sahen die beiden sich an und fingen an zu lachen. Dann legten sie ihre Finger auf die Lippen, machten »sch, sch« und lachten noch mehr.

»Sch, sch«, sagte Joanna wieder. »Wollen doch die Missionarinnen nicht wecken.«

»Genau. Nimeran hat noch nicht ihr Pui-Loch gegraben. Wahrscheinlich werden sie ihr Geschäft im Fluss erledigen müssen, wie wir alle«, sagte Margarita.

»Wie schade. Vielleicht sollten wir ein Loch für sie allein graben. Und eine Hergon reinlegen.« Joanna lachte über ihren eigenen Witz. »Spielst du?«, fragte sie den Händler und zeigte auf seine Gitarre in der Ecke.

»Ein bisschen. Kannst du spielen?«

»Ja.« Joanna nahm die Gitarre und schlug ein paar Töne an. Sie klimperte und summte und Margarita lachte. Dann spielte sie ein Lied, hüpfte auf und ab und sang laut mit.

»Sch, sch«, sagte Margarita ein paar Mal.

Joanna sang erst etwas leiser, doch dann wurde sie wieder

lauter. Sie spielte und sang und spielte und sang. Je mehr wir tranken, desto besser klang ihre Musik. Schließlich fing sie an das Bananen-Lied zu singen.

»Shboom, shboom«, wiederholte sie, lauter und lauter. Wir sangen alle mit.

Angel gesellte sich zu uns und erzählte uns, dass die Missionarinnen endlich zu Bett gegangen seien. Sie waren aufgeblieben und hatten Angel erzählt, wie glücklich sie seien, dass das Dorf Pui-Löcher graben würde und dass es dem Dorf viel besser gehen würde und dass es für Joanna und Margarita viel besser sein würde, in einem Dorf mit »Latrinen« zu leben.

Joanna und Margarita lachten und redeten und lachten und redeten und tranken weiter. Sie umarmten sich und umarmten mich und teilten die Flasche mit allen. Sie sprachen Isabo und Spanisch an diesem Abend.

»Ich glaube, wir beide haben ein bisschen Heimweh«, sagte Joanna schließlich und drehte ihren Ring. »Non caibo shinandai.«

»Und jetzt ist euer Wunsch wahr geworden. Leute aus eurem Land sind zu Besuch hier«, sagte Angel. Und wir lachten alle, bis uns die Tränen kamen.

»Leute aus meinem Land«, sagte Joanna. »Aber nicht meine Leute. Nicht meine Caibo.«

»Wisst ihr, was ich mir wünsche, wenn ihr in euer Land zurückkehrt?«, fragte Nimeran. Nimeran war ebenso betrunken wie alle anderen. »Wisst ihr, was ich mir wünsche?«

»Ja. Du wünschst dir so große Gummistiefel wie Papaisi«, sagte Joanna.

»Nein, er wünscht sich Jagdhunde. Etwa vier Stück«, sagte Angel.

»Nein. Er wünscht sich von euch eine neue Axt«, sagte Shori.

»Nein«, sagte Elena. »Er wünscht sich eine Uhr und einen großen Ballen roten Stoff.«

»Alles falsch«, sagte Nimeran. »Ich wünsche mir Folgendes. Ich wünsche mir, dass ihr mich mitnehmt. Ich möchte euer Land sehen. Ich möchte wissen, wie eine richtige Stadt aussieht. Ich möchte eure Flüsse und eure Gärten sehen. Ich möchte etwas essen, das ich noch nie gesehen habe. Ich möchte das alles sehen, bevor ich sterbe. Nehmt mich bitte mit.«

Joanna und Margarita starrten ihn an. Keine konnte etwas sagen. An Joannas Wange lief eine Träne hinunter. Und dann fiel Nimeran um und schlief ein.

Wir lachten alle. Der alte Nimeran. Wer hätte gedacht, dass er solche Träume hat?

15

Meine kleine Cami war krank. Morgens hatte sie Durchfall. Ich gab sie meiner Mutter zum Nähren.

»Sie saugt nicht stark«, sagte meine Mutter. »Sie sieht schwach aus und fühlt sich kühl an. Ich werde ihr meine Milch in den Mund tröpfeln. Geh und bitte die alten Damen um Reis, damit wir sie füttern können.«

Meine Mutter tröpfelte Milch aus ihren Brüsten in Camis Mund. Sie hielt ihr den Mund auf und schloss ihn wieder. Das Baby war sehr schwach. Ich ging zu den alten Damen, um Reis zu holen. Joanna gab ihn mir und sagte: »Kann ich dir noch etwas anderes geben? Haben wir vielleicht ein Medikament, das ihr helfen kann? Kann Papaisi sie heilen?«

»Nein, meine Mutter kümmert sich um sie.« Ich wollte gehen und Joanna fragte, ob ich außerdem ein bisschen Zucker mitnehmen wollte.

»Zucker wird gut für sie sein«, sagte sie, aber ich wusste nicht genau, ob sie das wirklich glaubte.

Ich nahm den Zucker mit und ging nach Hause.

»Jetzt erbricht sie auch. Sie hat die Brech- und Durchfallkrankheit. Sie wird nicht mehr lange leben.«

Ich wusste, dass meine Mutter Recht hatte. Sie hatte dasselbe mit ihren eigenen Kindern und mit den Kindern von anderen erlebt. Sie hatte viele Kinder sterben sehen. Pena, die gesunde, fette, einjährige Tochter meiner Mutter, war innerhalb eines knappen Tages an der Brech- und Durchfallkrankheit gestorben. Sogar ihr Fett hatte den Tod nicht aufhalten können. Meine kleine Cami würde viel schneller von ihm mitgenommen werden.

Ich kochte den Reis, gab Zucker hinzu und kaute ihn, bis er so dünn wie die Milch meiner Mutter war. Ich nahm meiner Mutter das Baby ab und zwang ihr den Reisbrei in den Mund, nur ein kleines bisschen, nach und nach. Ich streichelte ihren Hals, damit sie leichter schlucken konnte.

»Trinke, bitte, trinke, bitte«, sang ich ganz leise. »Nur wenn du trinkst, kannst du gesund und groß werden. Trinke bitte.«

Meine Mutter ging in ihren Garten und holte Bananen. Ich saß alleine im Haus und versuchte das Baby zu füttern, das nicht gefüttert werden wollte. Sie wollte einfach in Ruhe gelassen werden. Sie war zu müde zum Schlucken. Ich tröpfelte ihr trotzdem weiter den Reisbrei in den Mund; ich streichelte trotzdem ihren Hals, damit ihr das Schlucken leichter fiel. Ich hielt sie auf meinem Schoß und tröpfelte und streichelte. Neben mir lag ein Rock, den ich gerade nähte, denn ich wollte ihn in die Hand nehmen und daran arbeiten, wenn jemand vorbeiging. Ich wollte nicht über mein Baby sprechen. Ich wollte nicht hören, was sie über mein Baby zu sagen hatten.

Nachi blieb auf dem Weg in ihren Garten stehen.

»Cishotai?«, fragte sie. Durchfall?

»Ja«, sagte ich.

»Queenandai?« Erbricht sie auch?

Ich nickte. Ja.

»Mahuacasai.« Sie möchte sterben.

»Ja«, sagte ich. »Sie möchte sterben.«

»Era mocai.« Ich gehe jetzt.

»Catanhue«, sagte ich. Geh und komm wieder.

Nachi war die Einzige, die ich sehen mochte. Alle anderen dachten, ich sei verrückt, weil ich das Baby zu mir genommen hatte. Verrückt, weil ich das Baby fütterte, verrückt, weil ich mich um das Baby kümmerte. Keiner würde um sie weinen, wenn sie starb. Außer mir würde es keinem etwas ausmachen, dass sie nicht mehr lebte.

Als Nachi ging, wollte ich allein sein. Es gab ein leer stehendes Sanitario-Haus, in dem die Medikamente von der Regierung aufbewahrt wurden, wenn wir im Dorf Medikamente hatten. Jetzt stand es leer. Das Sanitario-Haus hatte Wände. Das war es, was ich brauchte. Wände um mich herum. Ich wollte nicht, dass jeder, der vorbeiging, sah, wie ich um meine sterbende Nawa weinte. Alle wussten es, doch sie brauchten es nicht zu sehen.

Mein Baby starb auf dem Weg zu dem Haus. Ich spürte, wie sie starb; sie hörte einfach auf zu atmen. Sie lebte nicht mehr. Ich setzte mich in das Sanitario-Haus, hielt meine Cami fest und beugte meinen Kopf über sie. Ich hatte sie in mein Tuch gewickelt. Meine Tränen fielen auf ihren kalten, kleinen Körper. Die Tränen blieben einfach dort liegen. Ich wischte sie ab und es fielen noch mehr. Es war schon schlimm genug, dass sie tot war, ich wollte sie nicht noch ganz nass weinen.

Ich saß da und weinte um mein totes Baby. Ein paar Leute gingen vorbei, sahen mich und gingen weiter. Ich sah nicht auf und begrüßte sie nicht. Schließlich kam Joanna herüber.

»Es tut mir so Leid«, sagte sie, »so Leid.«

Sie strich mir über den Kopf, dann strich sie dem toten Baby über den Kopf. Ich rückte ein Stück zur Seite, sodass sie ins Haus treten und sich zu mir setzen konnte.

»Yacahue«, sagte ich zu ihr. Setz dich.

Sie setzte sich hinter mich und rieb mir den Rücken, langsam. Es fühlte sich wunderbar an. Ich hielt meinen Kopf über das tote Baby gebeugt, um meine Tränen zu verstecken. Mein Rücken und mein Genick taten weh. Wir saßen eine Ewigkeit so still dort. Ein paar andere kamen vorbei, doch keiner blieb. Nachdem ein paar Leute gekommen und gegangen waren, stand Joanna auf.

»Minqui cai?« Du gehst jetzt?

Joanna setzte sich und sah mich an. In ihren Augen standen Tränen. Eine Minute lang sah sie verwirrt aus, als ob sie nicht wüsste, wie sie sich verhalten sollte. Ich sah sie immer noch an und schließlich sagte sie: »Nein. Era cayamai.« Nein, ich gehe nicht.

Ich ließ meinen Kopf wieder hängen und sie rieb mir den Rücken. Wir blieben so sitzen, bis Nachi kam mit einer Begräbnisurne, einer weiten Urne ohne Hals, um mein Baby zu begraben. Nachi stellte die Urne neben mich und sagte: »Es ist an der Zeit. Komm, wir müssen sie begraben. Juan bringt uns ein Stück flussaufwärts.«

Juan war auch von Nachi adoptiert worden. Juan hatte eine Mutter und einen Vater, aber Nachi hatte ihn sehr früh zu sich genommen, und für Juan war sie immer noch seine Mutter. Joanna wollte wieder gehen und ich fragte sie, ob sie mit uns zum Begräbnis wollte.

»Ja«, sagte sie. »Ich komme mit.«

Joanna war so anders als sonst. Sie wusste nicht, was sie tun sollte, sitzen oder stehen, bleiben oder gehen. Diese Joanna tat, was man ihr sagte, und wenn ihr keiner etwas sagte, fühlte sie sich unbehaglich und fehl am Platz. Vielleicht war es der Tod, der sie so veränderte.

Als wir flussaufwärts fuhren, fuhr Nimeran allein in seinem Kanu an uns vorbei, flussabwärts. Er sah uns an, dann sah er mich an.

»Min baque mahuata?«, fragte er. Ist dein Baby gestorben?

»Nocon baque mahuata«, sagte ich. Mein Baby ist tot.

Es gab nicht viele, die diese Nawa mein Baby nannten. Ich war froh, dass es Nimeran war, dem wir auf dem Weg zum Begräbnisort begegneten. Nimeran wusste, wie viel Cami mir bedeutete, und es machte ihm nichts aus, dass sie eine Nawa war.

Als wir beim Begräbnisort ankamen, nahm Nachi die Urne aus dem Kanu und Juan ging im Dschungel ein Loch graben. Joanna blieb bei mir. Wir warteten, bis Juan fertig war. Ich wickelte mein Baby in ihr kleines, ausgeblichenes Tuch und band ihr das Wintoti auf die Stirn. Dann legte ich sie in die Urne. Nachi strich ihr über den Kopf und stellte die Urne in das Loch und Juan füllte es mit der Erde, die er vorher ausgegraben hatte. Joannas Augen standen voller Tränen, wenn sie herunterliefen, wischte sie sie ab. Ich strich ihr über den Rücken.

»Icha shipinshona riqui«, sagte Nachi und zeigte auf irgendwelche Früchte weiter stromabwärts. Wir trotteten alle hinüber und sammelten die Äste mit den kleinen, süßen

Schoten auf. Dann kletterte Juan auf einen Papayabaum und warf viele reife Papayas hinunter. Es war ein guter Tag für ein Begräbnis. Es gab viele reife Früchte zu sammeln.

Joanna ging sofort in ihr Haus, als wir ins Dorf zurückgekehrt waren. Margarita war vom Ausmessen der Gärten noch nicht wiedergekommen und ich sah, dass Joanna unter das Moskitonetz kroch und sich hinlegte. Ich dachte, sie würde vielleicht noch weinen, war mir aber nicht sicher. Ich glaube, sie schlief. Nachi und Juan und ich trugen gemeinsam die Früchte hinauf zu den Häusern. Ich gab Juan ein paar von meinen Papayas, weil er mir geholfen hatte. Er ist meiner Mutter-Bruder Sohn, doch er hatte mir wegen Nachi geholfen, seiner Mutter-Schwester, seiner Adoptivmutter.

Während des Tages griff mein Arm immer wieder nach Cami auf meiner Hüfte und baumelte dann hilflos an meiner Seite. Meine Mutter sagte nichts, doch sie ließ mich auch den ganzen Tag in Ruhe. Als Pena starb, töteten wir ihr kleines Hündchen. Weil seine Besitzerin gestorben war. Meine Cami hatte kein Hündchen. Es gab nichts mehr zu tun.

Ich sah Joanna den ganzen Tag nicht wieder. Ich glaube, sie blieb unter dem Moskitonetz und kam überhaupt nicht mehr heraus. Am nächsten Morgen kam Margarita herüber und sagte, dass es ihr wegen Cami Leid täte. Ich nickte und sagte nichts. Es gab nichts zu sagen. Wenn Leute sterben, sterben sie. Und dann gibt es sie nicht mehr. Die anderen, die leben, leben weiter. Was gibt es da zu sagen? Margarita aber wollte anscheinend etwas sagen. Sie sagte noch einmal, dass es ihr Leid täte und dass es schwer sein müsse. Ich nickte und arbeitete weiter. Wollte sie mich zum Weinen bringen? Warum kam sie her und redete über das Baby? Es war vorbei. Wir hatten sie begraben. Es gab sie nicht mehr. Wenn wir einen unserer Caibo begraben, betrinken wir uns und weinen und so weiter, doch auch bei unseren Caibo ist alles vorbei, sobald das Begräbnis vorüber ist.

»Bei Joannas Caibo«, sagte Margarita gerade, »trauern die Leute eine Woche lang, sieben Tage lang. Sie sitzen in ihren Häusern und essen und weinen und zu den Zeiten ihrer Vorfahren zerrissen sie ihre Kleidung. Joanna wird immer sehr traurig, wenn sie dem Tod begegnet.«

Ich nickte. »Wir trauern nicht sieben Tage lang«, sagte ich. »Wir trauern nur bis zum Begräbnis. Dann erwähnen wir den Toten nicht mehr.« Ich hoffte, dass Margarita nun aufhören würde, von meinem Baby zu sprechen. Wenn das nicht half, würde ich aufstehen und sammeln gehen.

»Bei meinen Leuten«, fuhr Margarita fort, »trauern wir nur einen Tag lang. Wir betrinken uns alle und sitzen in einem Zimmer bei der Leiche und sprechen von der Person und werden immer betrunkener und am nächsten Tag beerdigen wir sie dann.« Das war so ähnlich, wie ich es kannte, doch ich wollte trotzdem, dass sie aufhörte.

»Ich gehe sammeln«, sagte ich, stand auf und legte meine Spinnarbeit weg. Margarita sah überrascht aus. »Ich geh jetzt«, sagte ich, nahm meinen Korb und ging in den Dschungel.

Später, als ich vom Sammeln zurückkehrte, half ich meiner Mutter beim Töpfern. Joanna kam zu uns. Ihre Augen waren rot. Ein Tag nach dem Begräbnis und sie weinte immer noch! Ich wusste, dass sie über Cami sprechen wollte.

»Es tut mir Leid«, sagte sie. »Es tut mir so Leid. Du hast alles getan, um Cami zu retten, und du hast es so gut gemacht. Es ging ihr gut und dann, ganz plötzlich, war sie weg.«

»Ja. Margarita hat mir erzählt, dass du traurig wirst, wenn du dem Tod begegnest.« Ich wusste, dass ich sie nur dann davon abhalten würde, über Cami zu sprechen, wenn ich sie dazu brachte, über sich selbst zu sprechen, über ihren eigenen Verlust.

»Ja.« Wieder standen ihr Tränen in den Augen. »Ich war gerade sechs, als meine Mutter starb. Das war das schwerste Jahr meines Lebens.«

»Deine Mutter ist tot?«, sagte meine Mutter zu Joanna.

»Ja«, sagte Joanna.

»Du bist genau wie ich«, sagte meine Mutter. »Meine Mutter ist tot. Mein Vater ist tot. Ich bin ganz alleine.«

»Jetzt ist sie nicht mehr so anders, Mama? Jetzt, wo ihr beide Waisen seid?«

Meine Mutter formte Schüsseln aus den langen Lehmschlangen.

»Ganz alleine«, sagte meine Mutter. »Wer hat dich adoptiert? Wer hat dich versorgt? Dein Mutter-Bruder?«

»Nein«, sagte Joanna. »Bei uns gibt es nicht so einen Brauch wie bei euch. Ich wohnte bei meinem Vater, in seinem Haus. Er ging jeden Tag zur Arbeit, ich ging zur Schule. Die Freundinnen meiner Mutter, die Mütter meiner Freundinnen, die haben sich um mich gekümmert. Ich hab bei ihnen zu Hause gegessen, sie gingen mit mir einkaufen. Sie waren meine Onan Titas. Ich hatte zwei – Ruth und Esther. Ich nannte sie meine Tanten, meine Watas, aber sie waren nicht meine richtigen Tanten. Sie waren Freundinnen. Die Mütter meiner besten Freundinnen.«

»Und die neue Frau deines Vaters? Sie hat sich nicht um dich gekümmert?«

»Mein Vater hatte keine neue Frau. Er nahm sich keine neue Frau. Nie. Er starb, ohne eine andere Frau zu haben.«

»Rambi yosi«, sagte meine Mutter. »Was für ein schlechter alter Mann. Also mussten sich die Frauen auch um ihn kümmern?«

»Ja, genau. Ich habe es noch nie so gesehen, aber ja, sie kümmerten sich auch um ihn. Sie adoptierten uns beide.«

»Rambi yosi«, wiederholte meine Mutter. »Hahuen baqui shincashamai.« Der schlechte alte Mann dachte nicht an seine Tochter.

16

An dem Nachmittag ging ich mit Joanna und Margarita im Fluss baden. Das Wasser stand sehr hoch und wir mussten uns an den Ästen festhalten, die über das Flussufer wuchsen, damit wir nicht flussabwärts getrieben wurden. Ich liebe den Fluss, wenn er so ist – so voll und stark. Wir plantschten und schwammen umher und wuschen uns die Haare und seiften unsere Körper ein.

Als wir zurückkamen, stand Olivia, Elenas kleine Schwester, an dem Haus meiner Mutter und wartete auf uns. Sie hatte Joanna eine Pisha mitgebracht, die ihre Mutter gemacht hatte, und wollte sie gegen Reis tauschen. Margarita ging den Reis holen und Olivia sagte zu Joanna: »Joanna, welche Farbe hat mein Kleid?«

»Es ist blau, Olivia. So blau wie der Himmel.«

Olivia schaute Joanna in die Augen und sagte: »Nein, Joanna, es ist gelb, gelb wie ein Paoti.«

»Nein«, sagte Joanna, »dein Kleid ist blau. Sieh es dir an.«

»Gelb«, sagte Olivia. »Ganz gelb.«

So ging es eine Weile hin und her, bis Joanna mich ansah und sagte: »Ich fange beinahe selbst an zu glauben, dass ihr Kleid gelb ist, obwohl es so blau wie eh und je ist.«

Olivia schaute Joanna die ganze Zeit in die Augen.

Margarita kam mit dem Reis zurück und gab ihn Olivia. Olivia lief nach Hause.

»Warum hat sie das getan? Warum erzählt sie mir, dass ihr Kleid gelb ist, wenn wir alle sehen, dass es blau ist?«, fragte Joanna mich.

»Was immer der Grund sein mag«, sagte ich.

»In meinem Land«, sagte Joanna, »tun die Kinder manchmal so etwas aus Spaß, sie versuchen, den Erwachsenen etwas vorzumachen. Du erzählst den Erwachsenen, du hättest bereits gebadet, auch wenn der Dreck vom Spielplatz noch überall zu sehen ist. Und die Erwachsenen lachen und schicken dich in die Badewanne.«

Margarita sah Joanna an, die ihr in ihrer Sprache erklärte, was ihr gerade mit Olivia passiert war.

»Aber Olivia hat dieses Spiel sehr ernst genommen«, sagte Joanna.

»Natürlich«, sagte ich. »Gut lügen zu lernen ist eine ernste Sache. Alle Kinder müssen es üben, damit sie es gut können.«

»Ja«, sagte Joanna. »Genau. Sie übte lügen. Sie log weiter, obwohl alle wussten, dass sie log.«

»Eine Lüge ist eine Lüge, alle wissen das«, sagte ich. »Wem macht das schon etwas aus?«

»Wirklich?«, fragte Joanna.

Margarita war schockiert. »In unserem Land darf keiner merken, dass du Lügen erzählst. Lügen erzählen ist schlecht. Sehr schlecht. Und es ist sehr, sehr schlecht, wenn jemand merkt, dass du lügst.«

»Warum ist es schlecht? Ist es besser, deinem Verwandten zu sagen ›Nein, du kannst von meinem Essen nichts abhaben‹? Das macht man nicht mit seinen eigenen Leuten. Das ist verletzend und gemein. Dein Verwandter fühlt sich beleidigt, beschämt und allein gelassen. Nein. In dem Fall gehört es sich zu lügen: ›Ich habe nichts zu essen, lieber Mutter-Bruder‹, oder was immer er ist. Dann ist er zwar immer noch hungrig, aber er fühlt sich nicht verletzt und ohne Verwandte.«

Joanna starrte mich an. »Du wirst Ethnologin«, sagte sie.

»Ethnologin oder was immer es sein mag«, sagte ich. Ich nahm einen Strohhalm in die Hand und malte ein Muster in den Sand.

»Du malst schöne Muster«, sagte Margarita. »Isabo-Muster sind die schönsten Muster im ganzen Wald.«

»Natürlich«, sagte ich. »Aber einige Frauen sind besser als andere. Nachi malt die schönsten Muster im Dorf. Teresa macht die besten Schüsseln, aber ihre Muster sind nicht so schön wie Nachis. Und die beste Weberin ist Yaya.«

»Setzen eure Mütter sich mit euch hin und bringen euch diese Dinge bei?«, fragte Joanna.

»Nein, aber wir sitzen den ganzen Tag bei unseren Müttern und beobachten sie, und wenn wir alt genug sind, geben sie uns ein bisschen Lehm, mit dem wir unsere eigenen kleinen Schüsseln machen. So lernen wir es. Aber die Muster kommen aus unseren Köpfen. Die Muster denken wir uns aus. Einige tun es gern und andere nicht. Mir macht es Spaß, aber ich kann es noch nicht sehr gut. Ich muss es noch ein paar Jahre üben.«

»In meinem Land«, sagte Joanna, »lernen wir nicht so viel von unseren Müttern. Wir lernen kochen und so weiter, aber unsere Arbeit erlernen wir in der Schule. Ganz anders. Meine Mutter arbeitete nicht. Sie blieb zu Hause und versorgte mich, bis sie starb.«

Sie waren so merkwürdig. Sie nannten es Arbeit, wenn sie mit Leuten redeten und sich Sachen aufschrieben und all das, was ihre Mütter taten, nannten sie nicht Arbeit.

»Fehlt deine Mutter dir?«, fragte ich.

»Fehlen oder was immer es sein mag«, sagte Joanna.

17

Die alten Damen fuhren noch einmal nach Pucallpa und kamen noch einmal zurück. Das nächste Mal würden sie für immer wegfahren, sie würden in ihr Land zurückkehren. Und Nonti würde sie nicht abholen. Das nächste Mal würden sie in einem Flugzeug wegfliegen.

»Was wirst du tun, wenn du wieder in deinem Land bist?«, fragte meine Mutter Joanna. »Wirst du so faul sein wie hier? Hier arbeitest du nicht richtig. Du sitzt nur und redest und sitzt und schreibst. Tust du dasselbe, wenn du wieder zu Hause bist?«

Joanna kam nun jeden Morgen zu uns. Sie brachte immer Kaffee mit, den sie mit mir und meiner Mutter teilte. Und meine Mutter hatte angefangen sich mit ihr zu unterhalten.

»Chiquishashamai.« Ich bin nicht faul. »Ich werde meine Dissertation schreiben, mein Buch, über das, was ich hier bei euch gelernt habe.«

»Schreiben oder was immer es sein mag. Dafür kannst du doch nicht so viel Zeit brauchen. Du schreibst hier und hast trotzdem genug Zeit, uns mit deinen vielen Fragen zu plagen. Nimm dir die Fragezeit und mach pusch-pusch mit gesunden Männern. Such dir gute Männer, starke Männer, Männer, die ein Baby machen können, nicht die Art Männer, mit der du es bisher getrieben hast«, sagte meine Mutter, während sie im Feuer stocherte und anfing Bananen zu rösten. »Es ist an der Zeit, Babys zu machen. Du bist alt. Bald wirst du tot sein. Dann ist es zu spät, Babys zu machen. Kein Mann möchte Sex mit einer alten Toten haben.«

»Aber ich muss erst mein Buch schreiben«, sagte Joanna. »Erst das Buch. Dann Babys.«

»Dann schreib doch das Buch. Ist das so schwer? Hier sitzt du den ganzen Tag nur und schreibst. Arbeit für Faule. Es ist nicht so viel Arbeit, ein Baby zu machen, du altes, faules Ding. Macht mehr Spaß, ein Baby zu machen«, kicherte meine Mutter. »Schreib und mach pusch-pusch. Das wird dir beim Schreiben helfen. Wahrscheinlich machst du nicht genug pusch-pusch für ein Baby. Das ist das Problem.« Meine Mutter hatte ihre Meinung gesagt. Sie nahm ihren Korb in die Hand. »Ich gehe Shipinshona sammeln«, sagte sie und ging reboqui.

»Sie trifft sich mit dem alten Mann Chichica«, flüsterte ich Joanna zu.

Joanna starrte mich an.

»Sie trifft sich mit dem alten Mann Chichica im Wald, zum Sex.« Nach all der Zeit musste ich ihr manchmal noch jede Kleinigkeit erklären.

»Deine Mutter?«, flüsterte sie. »Wird im Wald mit dem alten Mann Chichica Sex haben?«

»Ja. Das tun sie seit Jahren.« Ich rührte im Reheintopf, den meine Mutter auf dem Feuer kochte, und wendete die Bananen, die in der Glut rösteten.

»Da geht die alte Dame Yoshran«, sagte ich. »Siehst du. Sie geht von hier aus in den Wald. Sie schläft mit Papaisi. Bald wird Yoshran weiter reboqui aus dem Wald hervorkommen und Papaisi wird chiponqui aus dem Wald kommen. Das tun sie, damit es niemand merkt, aber wir wissen es alle. Alle wissen Bescheid. Hier gibt es keine Geheimnisse.« Ich zog meinen Korb mit der Stickarbeit vom Sims herunter. Joanna saß einfach da und der Kaffee in ihrer Tasse wurde kalt.

»Was ist los?«, fragte ich sie. »Haben die Leute in eurem Land keinen Sex?«

Als Papaisi vom Sex mit Yoshran zurückkehrte, war ich mit Joanna nach Hause gegangen. Er kam zum Haus der alten Damen herüber.

»Ich werde so traurig sein, wenn ihr weggeht«, begann Papaisi. »Ich werde glücklich unter meinem großen Moskitonetz sitzen, das ihr mir schenkt, aber ich werde traurig sein, wenn ich an euch denke, weil ihr so weit weg in eurem Land seid.«

»Du wirst uns auch fehlen«, sagte Joanna. »Aber wir werden glücklich sein, dass wir dir unser großes Moskitonetz geschenkt haben, weil du so gut zu uns warst.« Joanna machte das wirklich gut. Sie hatte Papaisis Frage verstanden und sie ihm sofort beantwortet.

»Wir werden in eurem Haus Feste feiern, wenn ihr weg seid«, fuhr er fort. »Feste, um uns an euch zu erinnern und an euch zu denken. Wir werden den Fußboden aus dem Haus herausnehmen. Mein Haus braucht einen neuen Boden. Ich werde euren Boden in mein Haus legen und in eurem Haus werden wir tanzen. Alle werden glücklich sein und an euch denken.«

Wenige Minuten später ging Papaisi wieder. »Wird unser Haus für Feste hier stehen bleiben?«, fragte Joanna mich.

»Nein. Es wird von denen benutzt werden, die es brauchen. Papaisi wird den Boden nehmen. Ashandi wird das Gras vom Dach nehmen, um sein Dach zu flicken. Und Eosario wird eure Küche benutzen, um seine zu vergrößern. Euer Haus wird nicht vergammeln«, sagte ich.

»Gut«, sagte Joanna. »Gut.«

Ich war traurig, dass sie gehen und nie wieder zurückkehren würden. Die alten Damen hatten so viel gelernt, dass sie Caibo geworden waren, Caibo raibirai. Richtige Menschen, Verwandte, oder was immer es sein mochte.

»Was denkst du, wem sollen wir unsere guten Stiefel schenken?«, fragte Joanna mich.

»Wer immer es sein mag«, sagte ich. Ich wollte nichts damit zu tun haben. Mir gehörten ihre Dinge nicht. Sie gehörten ihnen und sie sollten sie verschenken. Aber ich wollte wirklich gerne einen von den weichen, seidenen Säcken haben, in denen sie schliefen.

»Wem wirst du diesen Sack schenken?« Ich zeigte darauf. Joanna sah mich an. Sie lebte seit einem Jahr hier. Sie sollte verstehen, was ich meinte. Sie sollte verstehen, dass ich fragte, weil ich ihn gern haben wollte.

»Ich finde, wir sollten ihn dir schenken«, sagte Joanna. »Ich finde, du solltest meinen Schlafsack bekommen und Elena sollte Margaritas bekommen. Was denkst du?«

»Was immer es sein mag«, sagte ich und ging nach Hause.

Die alten Damen verbrachten die nächsten Tage damit, Listen zu machen, miteinander zu reden und neue Listen zu machen. Sie überlegten sich, welche Sachen sie verschenken wollten. Sie waren vernünftig genug, darüber in ihrer eigenen Sprache zu sprechen. Sie würden nichts weggeben, bevor sie abflogen. Es war also gut, dass sie uns nicht verrieten, wer was bekommen sollte. Dann hätten wir zu lange auf unsere Geschenke warten müssen. Natürlich sprachen wir alle über dasselbe wie die alten Damen.

»Denkst du, Papaisi wird dieses große alte Moskitonetz bekommen?«, fragte meine Mutter ihre Schwester Nachi.

»Er ist der Einzige, der dumm genug ist, es haben zu wollen«, sagte Nachi. »Es ist so groß, dass man es nicht gebrauchen kann. Zu viele Moskitos können sich tagsüber darin verstecken. Du musst sie erst töten, bevor du dich abends schlafen legst. Nutzlos.« Nachi überlegte einen Moment. »Papaisi würde es gefallen. Es ist so etwas, was nur ein Häuptling besitzen kann. Arroganter alter Mann.« Meine Mutter und Nachi lachten und lachten.

»Was ich gern hätte«, sagte Teolinda, »ist ihr großer Topf. Meiner ist alt und abgenutzt. Ich brauche einen neuen und mein Mann kauft lieber Zuckerrohrschnaps, wenn der Regatón auf dem Fluss herkommt. Er trinkt für das ganze Geld und meine Töpfe werden immer dünner.«

»Wer möchte die alten Plastikkisten haben, in denen sie ihre Sachen aufbewahren?«, fragte meine Mutter. »Glaubt ihr, dass irgendjemand sie haben möchte?«

Keiner wollte sie.

»Wie ist es mit den Kaffeebechern? Ich würde einen davon nehmen. Aber was ich wirklich gern hätte, ist ihr Kassettenrekorder und ihre Musik. Ich schätze, sie werden sie behalten. Wahrscheinlich behalten sie alles, was gut ist«, sagte Teolinda. Ich erwähnte die Säcke nicht, in denen sie schliefen. Ich glaubte nicht, dass irgendjemand sie gern hätte. Und ich wusste, dass die alten Damen enttäuscht wären, wenn sie wüssten, dass sich für die meisten ihrer Sachen niemand interessierte. Ich wusste, dass sie glaubten, sich richtig zu verhalten, wenn sie uns ihre Sachen schenkten. Aber es gab nicht viel, das wir wirklich gerne haben wollten. Nicht einmal die Säcke zum Schlafen. Ich würde niemals in dem Sack schlafen. Wer möchte schon in einem Sack schlafen? Aber der Stoff war weich und glänzend und ich könnte mir eine schöne Bluse daraus nähen und vielleich ein kleines Kleid für meine Tochter, wann immer ich eine haben würde.

»Deine Schwester und dein Ehemann kommen zurück«, erzählte meine Mutter mir früh am nächsten Morgen. »Sie werden heimkommen, kurz nachdem die alten Damen abgeflogen sind.«

»Er ist nicht mein Ehemann«, sagte ich.

Meine Mutter zuckte mit den Schultern. Sie wusste, dass ich diese Nachricht nicht gerne hörte. Ich freute mich auf meine Schwester, aber nicht auf ihren Mann, der auch mein Mann werden sollte. So lange sie weg waren, konnte ich ihren alten Mann vergessen. Ich wollte mich gar nicht verheiraten und erst recht nicht mit dem Mann meiner Schwester. Nicht, dass er der schlechteste Mann war, den ich je gesehen hatte. Aber er war alt. Rambi yosi. Alle haben alte Ehemänner. Für eine jüngere Ehefrau, so wie ich es bin, ist er wirklich alt. Das macht mir aber noch nicht mal was aus. Ich war einfach glücklich, so wie ich war. Ich wollte noch keine verheiratete Frau sein. Ich hatte bereits ein Baby verloren. Ich wollte keine anderen haben, noch nicht. Und wenn ich heiratete, dann wollte ich einen Mann für mich allein, wie meine Mutter und wie Nachi. Zwei Frauen, die sich einen Ehemann teilen, streiten sich immer um die Sachen, die der Ehemann mitbringt: Fleisch, Feuerholz, Sachen, die man mit Geld kaufen kann – Stoff, Perlen, Töpfe aus Metall. Es ist schwer, die Sachen zu teilen, die ein Ehemann kauft oder mitbringt. Darum streiten die Mitfrauen sich auch. Sie streiten sich nicht darum, wer mit ihren alten Männern Sex hat. Die Männer achten darauf, dass sie ihre Frauen in dieser Hinsicht gleich behandeln: Eine Nacht schlafen sie mit der einen, in der nächsten mit der anderen. Mal fahren sie mit der einen weg, das nächste Mal mit der anderen. Aber das ist den Frauen ganz gleich. Sie sind nur eifersüchtig auf die anderen Frauen, die mit ihren Freunden Sex haben. Es ist ihnen egal, mit wem ihre Ehemänner schlafen.

Maya und ich waren immer gute Schwestern. Obwohl sie die Ältere ist, schickte sie mich nie so herum, wie andere ältere Schwestern es tun. Sie hatte nie von mir verlangt, dass ich etwas tun sollte, worum unsere Mutter sie gebeten hatte, obwohl ich die Jüngere war. Maya benimmt sich nicht wie eine ältere Ehefrau. Sie benimmt sich überhaupt nicht wie eine Ehefrau. Meine Mutter tut all die Arbeit, die eine Ehefrau tun muss, Maya aber nicht. Maya und ich hatten viel Spaß miteinander. Nachmittags sind wir mit unseren Freunden sammeln gegangen und ich habe immer darauf geachtet, dass ihr Ehemann nichts von ihren Freunden erfuhr. Ich wusste, dass sie das auch für mich tun würde, wenn ich erst einmal einen Ehemann hatte.

Aber ich war zu jung zum Heiraten. So lange sie weg

waren, konnte ich so tun, als wäre ich nicht verheiratet. Ich konnte so tun, als wäre ich noch ein richtiges junges Mädchen und kein junges Mädchen, das langsam alt wurde. Jetzt aber kamen sie zurück und mein Leben würde sich völlig verändern.

»Dein alter Ehemann kommt also doch zurück«, sagte Elena. Sie setzte sich zu mir in die Küche, wo ich einen Reheintopf umrührte. »Ich hätte schon beinahe gedacht, du wärst nicht verheiratet.«

»Ich bin nicht verheiratet«, sagte ich. »Ich will nicht verheiratet sein, nie.«

»Alle sind verheiratet«, sagte Elena. »Stell dich nicht an.«

»Cuncha ist nicht verheiratet«, sagte ich.

»Cuncha ist sehr verheiratet.«

»Nein, ist sie nicht. Sie war verheiratet, aber er ist gestorben.«

»Ja, ihr erster Ehemann ist gestorben«, sagte Elena. »Aber ihr zweiter Ehemann ist weg, weil er im Holz arbeitet.«

»Cuncha sagt, dass er nicht ihr Mann ist«, sagte ich.

»Cuncha sagt das vielleicht, aber Cunchas Vater sagt, dass er ihr Mann ist.«

»Sie könnte genauso gut nicht verheiratet sein. Selbst wenn er ihr Mann wäre, was ich nicht glaube, würde es keine Rolle spielen, denn er ist nie hier.«

Nimeran kehrte von der Jagd heim und brachte den alten Damen zwei große Vögel und eine lebendige kleine Landschildkröte mit.

»Ich möchte deine Stiefel haben, wenn du weggehst«, sagte er zu Margarita. »Es sind gute, starke Stiefel. Damit kann man im Schlamm besser jagen.« Margarita nahm die Vögel und Nimeran ging wieder.

Joanna kam später zu mir herüber.

»Alle möchten etwas von uns haben. Sie sind wie die Aasgeier. Ich hasse das.«

»Sie sind nicht wie die Aasgeier«, sagte ich. »Sie warten nicht darauf, dass ihr sterbt. Sie warten darauf, dass ihr wegfliegt. *Ihr* habt gesagt, dass ihr wegfliegt. Sie sorgen nur dafür, dass ihr wisst, was sie brauchen, um sich an euch zu erinnern.«

Joanna lachte. »Sie werden sich an mein Bananen-Lied erinnern. Sie werden sich an meinen starken Faden erinnern. Sie werden sich an den Tag der Perlen erinnern. Es gibt vieles, an das sie sich erinnern werden.«

Wir schwiegen.

»Gestern Nacht habe ich etwas geträumt«, sagte Joanna. »Im Traum war ich wieder in meiner Wohnung in New York. Du warst bei mir. Wir wollten zusammen eine Reise machen. Jemand klopfte an meine Tür. Es war eine Lieferung von einem Kaufhaus, das Macy's heißt. Sie lieferten ein Einbaum-Kanu für unsere Reise ab. Wir lachten und lachten. Ein Einbaum-Kanu aus einem Geschäft in New York.« Joanna schwieg eine Weile. »Ist das nicht ein komischer Traum? Und es kam mir alles so wirklich vor. Dass wir beide wirklich in meiner Wohnung waren, dass wir wirklich zusammen verreisen wollten, dass wir wirklich eine Reise in einem Kanu machen wollten. Wirklich wahr.«

Ihr Flugzeug sollte am nächsten Tag kommen. Es sollte auf dem Fluss landen, genau wie die Flugzeuge der Missionare.

Die alten Damen hatte die Sachen eingepackt, die sie mitnehmen wollten. Sie hatten jede Menge Sachen verschenkt. Sie hatten es richtig gemacht.

Bevor sie wegfliegen sollten, kam Joanna abends zu mir herüber und setzte sich neben mich ans Feuer.

»Das ist ein Geschenk von mir für dich, Alicia«, sagte sie und legte mir etwas in die Hand. Ich umschloss es mit meinen Fingern. Ich wusste, was es war. Es war ihr silberner Fischring, der Ring, den ihre Freunde ihr geschenkt hatten, bevor sie zu uns ins Dorf gekommen war.

»Ich möchte ihn dir schenken, weil ich von dir so viel Neues gelernt habe, viele, viele neue Dinge. Und ich schenke dir den Ring, um dir dafür zu danken, und damit du mich nicht vergisst, wenn ich wieder weit weg bin in meinem eigenen Land.« Joanna drückte meine Hand und schwieg.

»Ich werde dich nicht vergessen«, sagte ich ihr.

»Ich werde dich nie vergessen«, sagte sie. »Und Cami auch nicht.« Sie sah aus, als würde sie gleich weinen. Sie weinte schon seit Tagen, nicht andauernd, aber oft. Ich wollte nicht dasitzen und sie weinen sehen.

»Wie könnte ich eine Frau vergessen, die zu Gras Scheide sagt?«, sagte ich. Joanna umarmte mich und ging nach Hause. Ich steckte den Ring an meinen Finger. Es war ein schöner Ring. An meiner Hand sah er anders aus. Meine Finger waren dünner und dunkler als Joannas. Der silberne Fisch glänzte stärker, sehr schön.

Am nächsten Morgen hatten die alten Damen alles eingepackt. Sie frühstückten, saßen am Flussufer und schauten hinauf in den Himmel.

»Warum sitzen sie da und schauen in den Himmel?«, fragte meine Mutter. »Marco wird das Flugzeug zuerst hören, dann werden alle anderen es hören und viel später werden die alten Damen es sehen. Haben sie nichts Besseres zu tun, als dazusitzen und in den Himmel zu schauen?«

»Ich glaube nicht«, sagte ich. »Ich glaube, sie sind traurig, weil sie unser Dorf verlassen, sie freuen sich auf ihr Land und sie haben keine Arbeit mehr, denn ihre Kulis und Notizbücher sind eingepackt. Also sitzen sie da und hoffen, dass das Flugzeug bald kommt.«

»Jetzt wird es nicht mehr kommen«, sagte meine Mutter. »Es wird bald regnen.«

»Was? Wie kommst du darauf?«, fragte ich sie. Der Himmel war klar und blau, es waren überhaupt keine Wolken zu sehen.

»Weil Joanna gerade die kleine Landschildkröte im Fluss gewaschen hat.«

»Warum hat sie das getan?«, schimpfte ich und lief zum Fluss hinunter.

»Jetzt wird euer Flugzeug nicht kommen«, sagte ich zu Joanna. Sie sah mich an. »Was meinst du? Es wird kommen. Sie haben uns versprochen, dass sie heute kommen.«

»Aber du hast die Schildkröte gewaschen«, sagte ich.

»Ja, und?«, fragte Joanna.

»Also wird es regnen. Und diese kleinen Flugzeuge fliegen nicht, wenn es regnet. Warum hast du das getan?«

»Weil ich die Schildkröte gewaschen habe, wird es regnen?«, fragte Joanna.

»Natürlich.«

»Die Schildkröte war staubig. Ich wollte sie sauber mit

ins Flugzeug nehmen. Ich möchte sie dem Sohn von unseren Freunden in Pucallpa schenken. Deswegen habe ich sie gewaschen. Mehr nicht. Ich will nicht, dass es regnet.«

»Dann hättest du die Schildkröte nicht waschen sollen«, erklärte ich ihr.

»Vielleicht funktioniert es diesmal nicht«, sagte sie, während sie die Schildkröte abtrocknete und das Ufer hinaufkletterte. Sie setzte sich neben Margarita und erzählte ihr von der Schildkröte und dem Regen.

Margarita lachte und sagte: »Es wird nicht regnen. Das Flugzeug wird kommen. Du wirst schon sehen.« Und sie schauten beide wieder in den Himmel hinauf.

Als der Regen kam, gingen Joanna und Margarita in ihr Haus. Am nächsten Morgen waren die alten Damen schon aufgestanden, hatten gebadet und das Feuer angefacht, bevor Cuncha zu ihnen kam. Ich ging hinüber und setzte mich zu ihnen. »Das Flugzeug wird nicht so früh kommen«, erklärte Cuncha ihnen, als sie in die Küche trat. Sie hatte süße Bananen zum Frühstück mitgebracht.

»Wir wissen nicht, wann es kommt«, sagte Margarita. »Und wir müssen fertig sein. Das Flugzeug kann nur landen und uns abholen. Es kann nicht auf uns warten. Das Flugzeug holt uns ab zwischen den anderen Aufträgen von reichen Amerikanern, die im Dschungel Öl suchen. Wir müssen fertig sein, wenn sie landen, sonst fliegen sie ohne uns ab.«

»Sie würden den weiten Weg herkommen und ohne euch den weiten Weg zurückfliegen?«

»Ja«, sagte Margarita. »Das haben sie gesagt.«

»Dumme alte Männer«, meinte Cuncha.

»Weil es jetzt aber geregnet hat an dem Tag, an dem sie uns abholen sollten, wissen wir nicht, wann sie kommen. Vielleicht kommen sie heute, vielleicht kommen sie morgen, vielleicht kommen sie in vier oder fünf Tagen.« Joanna war nicht gut gelaunt. »Wir müssen fertig sein.«

»Du hättest die Schildkröte nicht waschen sollen«, sagte ich zu ihr.

»Wenn ich gewusst hätte, dass es dann regnet, hätte ich sie nicht gewaschen. Tut mir Leid, dass ich sie gewaschen habe.« Joanna klang verärgert. »Niemand hat mir gesagt, dass ich sie nicht waschen soll.«

»Wir haben es dir nicht gesagt, weil du uns nicht gefragt hast. Hier wissen alle, dass sie keine Schildkröten waschen dürfen, wenn sie keinen Regen wollen. Warum sollten wir dir etwas erzählen, was alle wissen?«, sagte Cuncha.

Joanna brach in Tränen aus. »Ich hasse es, Abschied zu nehmen«, sagte sie. »Und am meisten hasse ich es, wenn ich darauf warten muss, Abschied zu nehmen.« Sie lief ins Haus und legte sich hin.

»Es ist nicht gut, so Abschied zu nehmen«, sagte Margarita. »So wird es zu schwer.«

Die alten Damen warteten den ganzen Tag. Sie saßen in ihrem Haus, sie saßen in ihrer Küche, sie saßen am Flussufer. Als die Sonne unterging, wussten sie, dass das Flugzeug an diesem Tag nicht mehr kommen würde. Diese kleinen Flugzeuge können nachts nicht fliegen. Nachdem die beiden gegessen hatten, packten sie ihren Kassettenrekorder wieder aus und hörten ihre Musik. Marco und ich gingen hinüber und setzten uns zu ihnen. Sie hörten gerade ihre Lieblingsmusik, irgendwelche Musiker, die sich Käfer nannten. Joanna hatte mir den englischen Namen genannt und mir erklärt, was er auf Isabo bedeutete.

»Das ist meine Lieblingsstelle«, sagte Joanna, die gerade nicht weinte, aber wohl gleich wieder anfangen würde. Immer, wenn sie ihre Musik hörte, weinte sie.

»Was singen die?«, fragte ich. Solange sie redete, konnte sie nicht weinen.

»Sie singen: ›Am Ende, wenn alles vorbei ist, bleiben die Liebe und die Freundschaft. Die Liebe, die dir bleibt, ist genau dieselbe Liebe, die du gegeben hast, die Liebe und die Freundschaft, die du für andere empfunden hast.‹«

»Natürlich«, sagte ich. Gab es etwa jemanden, der das nicht wusste? »Deswegen ist es wichtig, nicht so geizig zu sein«, sagte ich. »Jetzt, zum Schluss, verstehst du das endlich.«

»Ja«, sagte sie.

»Aber eure Musik, eure Käfermusiker, sagen es euch schon die ganze Zeit.«

»Ja. Aber die Beatles, unsere Käfermusiker, sagen es ein bisschen anders. Sie sagen auch, dass wir am Ende nur so viel Liebe haben, wie wir gemacht haben, so viel pusch-pusch, wie du in deinem Leben gemacht hast.«

»Diese Käfer verstehen etwas vom Leben, nicht wahr?«

»Ja. Sie singen außerdem: alle haben etwas zu verstecken, außer mir und meinem Affen.«

Wir lachten alle, Marco und ich und Margarita und Joanna. Und dann sangen wir alle zusammen ihr englisches Lied: »Everybody got something to hide 'cept for me and my monkey.« Wir lachten und lachten und Marco machte Geräusche wie ein Affe, Isa-Geräusche, kleine Affengeräusche, wie die Isa-Affen sie machen, die Affen, von denen wir unseren Namen haben, die kleinen Affen-Menschen.

Das Flugzeug kam nicht am nächsten Tag und auch nicht am übernächsten. Während die alten Damen warteten, versuchten meine Mutter und ich ihnen das Töpfern beizubringen. Sie machten es beide schlecht. Nachi versuchte ihnen das Sticken beizubringen, Margarita konnte das gut und Joanna überhaupt nicht. Und Elena zeigte ihnen, wie Schlafmatten gewebt werden. Das konnten sie, aber ziemlich langsam. Dann, am späten Nachmittag, hörte Marco das Flugzeug. Die alten Damen badeten gerade im Fluss, als Marco zu ihnen lief und ihnen sagte, dass ihr Flugzeug kam. Bald konnten wir es alle über den Baumwipfeln am Fluss entlangfliegen sehen. Die alten Damen zogen sich ganz schnell an. Sie warfen gerade alles, was sie ausgepackt hatten, wieder in die Kisten zurück, als das Flugzeug auf dem Fluss landete.

Sobald der Pilot die Flugzeugtür öffnete, lief Joanna zu ihm hin und fragte ihn etwas. Er lachte und nickte und Joanna drehte sich um und kam auf mein Haus zugelaufen.

»Alicia, er sagt, dass wir genug Zeit haben, dich im Flugzeug mitzunehmen und hinaufzufliegen, damit du Poincushmana aus der Luft sehen kannst, so wie ein Vogel es sieht. Das ist unsere gemeinsame Reise. Nicht im Kanu, sondern im Flugzeug! Und wir müssen sofort los. Komm, wir fliegen.«

Fliegen! Und ich hatte gar nicht darum gebeten! Ich lief die Böschung hinunter und kletterte mit Joanna ins Flugzeug. Margarita packte die letzten Sachen ein. Alle kamen mit an den Fluss, um uns nachzuwinken. Joanna lachte und lachte. Ich lachte auch, aber ich hatte Angst. Das Flugzeug roch fürchterlich, schlimmer als der Hafen von Pucallpa. Ich begann den Fischring an meinem Finger zu drehen. Joanna lächelte mir zu, streichelte meine Hand und half mir, den Gurt um die Hüfte zu befestigen. Sobald ich das getan hatte, fing das Flugzeug an zu lärmen und es ruckte und ruckte. Dann schauten wir aus dem Fenster und der Fluss entfernte sich immer weiter und wir sahen meine Leute am Ufer stehen und winken. Sie wurden kleiner und kleiner und dann konnten wir nur noch die Dächer von den Häusern und die Küchen in einer Reihe neben dem Fluss sehen. Und dann konnten wir sehen, wie riesengroß der Dschungel um unser Dorf herum war, so groß und so schön, und unser Dorf war nur ein kleiner Fleck, verglichen mit dem riesigen Wald. Ein winziges Kanu fuhr auf dem Fluss. Jemand musste in dem Kanu sitzen, er war aber so klein, dass ich ihn nicht erkennen konnte. Weiter flussaufwärts lag der Platz, an dem wir Cami begraben hatten. Und dahinter Berge, hohe Berge. Der Fluss raste dort auf und nieder und man konnte in Sekunden ertrinken – da oben in den Stromschnellen, wo es das Salz gibt. Das Flugzeug drehte um und nun konnte ich den großen Fluss sehen und unseren kleinen Fluss, der in den großen hineinfloss. Und ich konnte die vielen kleinen Bäche sehen, die in unseren kleinen Fluss münden. Dann flogen wir wieder tiefer und direkt über unseren Fluss. Das Flugzeug landete und wir waren wieder in meiner alten Welt und sie sah genauso aus wie vorher. Doch ich wusste jetzt, dass sie anders aussah, wenn man sie aus einem anderen Blickwinkel betrachtete.

Ich wollte aus dem Flugzeug klettern, um Margarita hineinzulassen.

Joanna umarmte mich. Ich umarmte sie auch und ließ sie los, bevor ihre Tränen wieder liefen.

»Era mecai. Minqui shina shina shinandai«, sagte sie. Ich gehe jetzt. Ich denke und denke und denke an dich.

»Catanhue«, sagte ich. Geh und komm wieder.

Wir standen alle am Ufer und winkten. Das Flugzeug fuhr chiponqui, stieg auf und verschwand dann über den Baumwipfeln.

Die Geschichte in dem Buch erzählt von Dörfern, Ereignissen und Menschen, die es wirklich gab. Der Name Isabo, die Namen der Dörfer und die Namen der Menschen in dem Dorf wurden aus Liebe und Respekt für sie geändert. Es ist nicht bekannt, ob das Dorf und seine sehr lebenslustigen Menschen noch existieren.

Joan Abelove studierte klinische Psychologie und Kulturanthropologie. Während ihres Studiums lebte sie zwei Jahre lang im Amazonas-Dschungel in einem Dorf, das dem in diesem Buch porträtierten gleicht. Nach dem Besuch einer Schreibwerkstatt für Autoren begann Joan Abelove 1991 Bücher zu schreiben. »Catanhue – Geh und komm wieder« ist ihr erstes Jugendbuch. Sie sagt darüber: »Dies ist eine fiktionale Erzählung, die auf tatsächlichen Orten, Ereignissen und Menschen in den frühen siebziger Jahren basiert. Es ist nicht bekannt, ob das tatsächliche Dorf oder die hier beschriebenen Menschen heute noch existieren.«